REVOLUÇÃO SOLAR

LILIANA ORTIZ

REVOLUÇÃO SOLAR

O Renascer da Consciência

Tradução
ELISABETH REGINA CASTELO BRANCO PAES

EDITORA PENSAMENTO
São Paulo

Título do original: *Revolución Solar.*

O primeiro número à esquerda indica a edição, ou reedição, desta obra. A primeira dezena à direita indica o ano em que esta edição, ou reedição, foi publicada.

Edição	Ano
1-2-3-4-5-6-7-8-9-10-11	03-04-05-06-07-08-09-10-11

Direitos de tradução para o Brasil
adquiridos com exclusividade pela
EDITORA PENSAMENTO-CULTRIX LTDA.
Rua Dr. Mário Vicente, 368 — 04270-000 — São Paulo, SP
Fone: 272-1399 — Fax: 272-4770
E-mail: pensamento@cultrix.com.br
http://www.pensamento-cultrix.com.br
que se reserva a propriedade literária desta tradução.

Impresso em nossas oficinas gráficas.

AGRADECIMENTOS

Muito tempo se passou entre o começo deste livro e o momento presente, de sua saída para o mundo.

Durante esse período houve muita gente que, de diferentes maneiras, me apoiou e me ajudou.

Agradeço a Susana Bourdalé, pelo seu estímulo, força e confiança. A todos os meus amigos e alunos, que sempre me acompanharam. A Mercedes Falcón, com quem aprendi a ver e compreender como pensava e como escrevia; com ela corrigi a primeira parte do texto. A César Cigliutti, que conheci graças a este livro, e com quem corrigi a segunda parte. A Dra. Marisa Pastorino, porque teve a gentileza de ler parte do manuscrito; seus comentários me enriqueceram. Devo dizer que este foi, para mim, o parto mais longo e difícil.

E, principalmente, a Dora Mafud, a quem considero a madrinha deste livro, pois é pela sua intermediação que ele vê a luz.

Do meu coração, com amor, obrigada a todos!

DEDICATÓRIA

A meus pais: Jorge e Nelly.

A meus filhos: Matías e Jerónimo.

A meu companheiro Carlos.

SUMÁRIO

Prólogo 9
Introdução 10
O que é a Revolução Solar 13
Chaves de Interpretação 19
Aspectos 29
Determinação — Livre-Arbítrio — Destino 35
Deslocação 39
Setores e Domificação 43
Períodos na Revolução Solar 46
Os Signos Ascendentes 52
Derivadas na Revolução Solar 64
— Trânsitos nas Derivadas 72
— Progressão Secundária nas Derivadas 73
— Sobreposições nas Derivadas 74
Os Nodos na Revolução Solar 78
— Os Nodos e o Karma 81
Sobreposição de Setores ou Casas 85
Interpretação de Revolução Solar 150
Revolução Lunar no Mapa Anual 167
Conclusão: Revolução Solar 175

PRÓLOGO

É, para mim, um prazer redigir o prólogo deste livro que é fruto da pesquisa realizada pela autora, com o cuidado e o amor que foram postos na sua elaboração.

No seu percurso, o leitor encontrará o desenrolar da Revolução Solar, do movimento dos planetas e do modo como eles atuam no Mapa Natal, numa harmonia de esferas, do mesmo modo que a música — com suas notas — promove os movimentos no corpo.

A criação de uma obra encerra em si mesma um propósito; o mais maravilhoso é a possibilidade de sintonizar-nos com o autor, que transmite seus conhecimentos, sua sabedoria, sua paixão e seu tempo dedicado a aprofundar a investigação sobre o tema. Isto nos ajuda a descobrir outros horizontes, encontrar novas maneiras para expor velhas verdades e desenvolver mais a nossa capacidade espiritual, despertando o verdadeiro mestre que vive em cada Ser.

A autora nos propõe que encaminhemos nossos passos pelo longo caminho do conhecimento, descobrindo, investigando e renascendo a cada instante. M. Schulman expressa-o claramente na sua alegoria dos signos:

"... E foi de manhã, quando Deus parou diante de seus doze filhos, e em cada um deles plantou a semente da vida humana. [...] Cada um de vocês participa de uma parte da minha idéia. Vocês não devem confundir essa parte com a totalidade da minha idéia, nem devem querer intercambiar partes dela entre si. Porque cada um de vocês é perfeito, mas vocês não saberão disso até que os doze sejam um só. Pois só então a totalidade da minha idéia será revelada a cada um..."

Ao percorrer esse caminho, pode haver momentos em que será preciso deter-se para logo retomar e avançar, sempre mais fortalecidos e com a consciência mais iluminada.

O trabalho do astrólogo é resgatar das profundezas o tesouro que cada ser possui, desentranhar os segredos ocultos nas sombras da consciência, decodificar os símbolos, oferecendo um guia para o percurso do caminho.

O retorno do Sol ou Revolução Solar marca os diferentes ciclos evolutivos em espiral ascendente para que a alma se expresse conscientemente; ano após ano, e com suas diferentes notas e ritmos planetários, esse acontecimento nos impulsiona a criar a obra Magna baseada no renascer da consciência.

Penetremos no mistério, obtenhamos a permissão para o descobrimento do nosso mapa nesta maravilhosa viagem ao interior de nós mesmos, ao contato com a nossa essência, com o assombro e a pureza da criança que habita no nosso coração.

Dora E. Mafud

INTRODUÇÃO

VISÃO DA ASTROLOGIA A PARTIR DO MOVIMENTO

Partiremos da noção de movimento como possibilidade de evolução, ou seja, dando-lhe o sentido de desenvolvimento e desdobramento do potencial que cada ser humano traz como patrimônio celeste.

Começaremos introduzindo-nos nessa noção, afirmando que todo o Cosmos ou espaço exterior está em movimento contínuo. Nada está quieto, nada está inerte. O Universo é a interação constante e permanente de diversos sistemas planetários movendo-se em harmonia uns com os outros. Cada um deles gira sobre si mesmo e ao mesmo tempo em torno de um centro magnético superior que o atrai e lhe serve de núcleo. Por sua vez, esse centro gira dentro de um sistema maior. A harmonia das esferas concêntricas movendo-se numa belíssima dança, expressando a perfeição e a inteligência do seu criador: Sua IDÉIA.

A partir dessa imagem de movimento, e antes de nos aprofundarmos mais no tema, vamos explicar por que a Astrologia tem um ponto de vista geocêntrico.

Para que possamos expressar-nos e desenvolver a consciência espiritual, nós, seres humanos, necessitamos de um corpo físico para que seja possível manifestar, dar forma e expressar o espírito, representado na linguagem astrológica pelo Sol. O corpo é o templo onde se realiza a consciência espiritual ou de unidade. O espírito anima e dá sentido à corporalidade. A Terra é o lugar onde o Sol pode manifestar luz e calor e gerar, em conjunto com ela, a vida.

Nascemos na Terra, que é a nossa casa enquanto durar a nossa encarnação. A realidade é que ela se desloca pelo espaço em torno do Sol — nossa estrela e ponto de referência maior — mas tem também outros movimentos. Um deles, o giro sobre o seu próprio eixo, produz os dias e as noites no planeta. O corpo é para a Terra o que o espírito é para o Sol. Assim também o corpo é para o espírito o que a Terra é para o Sol.

Nós, seres humanos, nascemos, nos desenvolvemos, vivemos e expressamos nosso ser na Terra, sem registrar os seus movimentos.

O planeta Terra é o nosso corpo grande que nos conecta com o Universo, e por essa relação de conjunto que temos com ele estamos em contínuo diálogo com o Cosmos. O que acontece com a Terra acontece com o corpo. Este tem uma quantidade de movimentos que não percebemos, como, por exemplo, a circulação do sangue e o funcionamento de cada um dos seus órgãos.

Ficamos maravilhados diante de um amanhecer ou de um entardecer, ao ver, do nosso ponto de vista corporal, terrestre, como o Sol gira ao redor do nosso corpo-Terra. É isso o que comprovamos visualmente, sensorialmente.

Uma vez, disseram-me algo de que gostei: a Astrologia é um sistema perfeitamente idealizado, sentido e pensado para decifrar o plano de evolução da Terra, do acontecer e do devir da vida que nela existe. A Astrologia é um ponto de vista e de partida desde a Terra, ou seja, desde nós mesmos e da nossa evolução e crescimento.

É um sistema que nos lembra a nossa origem celeste e nos mostra que a vida na Terra pode ser o caminho para retornar a essa origem. A partir daí, definimos a Astrologia como a representação simbólica que nos permite relacionar os princípios cósmicos com o acontecer humano.

Propusemos a visão do corpo-Terra para expressar a imagem e a relação do movimento. E, se também aplicarmos a lei de correspondência e reciprocidade que diz que o que está em cima é igual ao que está embaixo, o que está dentro é igual ao que está fora, poderemos deduzir por analogia que, assim como o Sol atrai, pelo seu poderoso centro gravitacional, todos os planetas do seu sistema e tem um centro aparentemente quieto que lhe serve de núcleo e, ao mesmo tempo, se move — levando o sistema planetário a girar ao redor de outro centro maior —, assim também, se aplicarmos essa lei, à imagem e semelhança com o Sol, ficamos fixos no nosso corpo-Terra vendo como tudo gira ao nosso redor.

Partiremos dessa idéia de movimento para entender o que é a Revolução Solar. Nascemos num determinado momento do acontecer universal. A partir daí, a Astrologia nos diz que, entre o ser que nasce no planeta Terra e esse momento fugaz, único e irreproduzível do Cosmos, há uma Unidade e, portanto, vibram em uníssono. A Astrologia baseia-se na lei antes mencionada.

Essa afirmação conta com o respaldo de milhares de anos de experimentação e de investigação sistemática que a comprovam. Além disso, tem a valiosa contribuição de todos os astrólogos que nos precederam no caminho com suas investigações, e dos que continuam enriquecendo o já alentado simbolismo no momento atual.

Da mesma maneira que o ser se fixa em uma forma — que é seu corpo — no momento de nascer, também é possível determinar, através de cálculos matemáticos que permitem a confecção de um Mapa Natal, como está o céu no exato momento que corresponde à sua encarnação.

No Mapa, estão gravadas todas as memórias, o caminho e as possibilidades de desenvolvimento de cada ser humano. Na sua elaboração, é possível fazer as correções de acordo com a hora e o lugar geográfico de nascimento. O zodíaco está representado por um círculo de 360 graus. Cada cúspide de casa, como também a posição de cada planeta, vão cair em determinados graus, minutos e segundos específicos.

Uma pessoa é a materialização real e específica de uma IDÉIA do CRIADOR. IDÉIA que fixamos no Mapa Natal e que é a representação em símbolos de um ser com um corpo-alma que encarnou, surgindo à manifestação assim como uma estrela nova surge no céu. Terá um tempo e um prazo para desdobrar sua luz, sua vida, a consciência que traz e para acrescentá-la dentro da sua possibilidade pelo aprendizado de suas experiências e pelo conhecimento que saiba extrair delas. Logo voltará a apagar-se, pelo menos no plano terrestre.

E, ao continuar o seu movimento, o Ser que nasce neste plano cresce e desenvolve seu potencial de acordo com suas possibilidades individuais, assim como o Cosmos e o nosso universo planetário seguem seu movimento de acordo com seus próprios tempos de rotação e, ao inter-relacionar-se, vão criando novas circunstâncias.

Vemos, então, o nascimento de uma pessoa como essência cósmica compactada na Terra e em imagem especular com o Cosmos. Essa essência continua seu movimento e se desenvolve nas circunstâncias terrestres. E assim como as partes que compõem o Cosmos mantêm um diálogo entre si, uma pessoa mantém o mesmo diálogo com outras pessoas e com o devir cósmico, que, na linguagem astrológica, relacionamos com o devir da vida na Terra.

O diálogo constante do Universo entre essas Idéias Arquetípicas que representam os planetas e os signos, as constelações e as estrelas fixas, é o mesmo diálogo que se realiza entre os seres humanos e as circunstâncias que eles vivem no plano terrestre.

O QUE É A REVOLUÇÃO SOLAR

O Sol em um Mapa Natal é calculado pela hora exata do nascimento, exatidão que expressamos em graus, minutos e segundos de arco dentro de um signo zodiacal.

A cada ano o Sol volta à mesma posição em que estava no momento do nascimento de uma pessoa. Retorna, como dissemos, no dia do aniversário, um dia antes ou um dia depois, e isso será determinado pela hora de nascimento e pelo movimento do Sol, que não é regular nem constante: há momentos em que caminha lento, outros em que tem uma velocidade média e outros em que tem um movimento mais rápido. É interessante esclarecer que, entre cada uma dessas três possibilidades, há uma variação de 2 minutos de arco.

Chamamos de Revolução Solar a esse giro completo que o Sol realiza. É a volta do Sol ao mesmo lugar, o que possibilita o início de um novo ciclo que só terá sua culminação depois de ter dado toda a volta pelo zodíaco. Ao voltar ao mesmo grau em que determinada pessoa tinha o Sol ao nascer, tem-se um novo início, e assim sucessivamente.

Todos os planetas se deslocam em suas órbitas e, dentro do tempo de sua rotação, cada um retorna a um ponto fixo que tomamos como ponto de partida e de retorno; é a posição que todos têm no Mapa Natal, incluindo Plutão. Às revoluções dos outros planetas chamamos revoluções planetárias. As mais conhecidas, por serem as mais exploradas e usadas, são as revoluções do Sol e da Lua.

Concretamente, a Revolução Solar é o giro completo que o nosso corpo-Terra realiza ao redor do Sol, mas que em termos astrológicos invertemos para poder decifrar sua mensagem em termos humanos.

Revolução significa mudança, modificação, movimento. Assim como as mudanças implicam certas crises de diferentes magnitudes, o movimento nem sempre implica mudança. Para que isso aconteça, tem de haver um despertar e uma atitude consciente e volitiva: a vontade é uma expressão da consciência.

A Revolução Solar seria, então, o caminho que dá a possibilidade de desenvolver essa consciência, que é o Sol. Este, ano após ano, se localiza em áreas de experiências diferentes relacionadas com temas concretos do cotidiano, e colocará à prova o desafio que a VIDA oferece a cada pessoa para expressar o seu SER e agir com consciência. Agir com consciência significa desenvolver a capacidade para escolher e decidir de acordo com a vontade de cada um, assumir a responsabilidade pelas escolhas e as conseqüências que elas acarretam, fazer uso da liberdade pessoal, que inclui a aceitação consciente das próprias limitações como ponto de partida para qualquer transformação posterior. Conhecer a energia que cada um possui e o modo em que esta se desdobra em diferentes âmbitos, lugares e suas diversas formas e modalidades habilita o Ser para responder criativamente às diferentes situações da jornada pessoal e perceber as partes de si mesmo que estão implicadas em cada situação.

Acreditamos que a vida é um presente apreciado e precioso. Devemos cuidar dela e é nossa responsabilidade o que dela fazemos; por isso, dizíamos que nós seres humanos viemos fazer um trabalho que é interior, que é subjetivo, que é uma exploração e um descobrimento do Si Mesmo. Descobrir que cada um é possuidor de uma bagagem interior inata e saber ampliá-la será a nossa tarefa. Esta consiste em aprender a olhar e a ver, escutar e ouvir na interioridade e desenvolver a capacidade para deduzir ou inferir o significado das situações que vivemos. Compreender que os acontecimentos externos não são obra do acaso, mas respondem ou correspondem àquilo que está sucedendo simultaneamente no interior; ser o testemunho vivo da divindade operando no mundo material.

Deus, o Todo ou a natureza superior se realiza em nós, assim como nós nos realizamos Nele.

A Revolução anual do Sol nos mostrará as energias que estão em jogo no ano individual e como estas interagem com o Mapa Natal ou radical, produtor de toda possibilidade de movimento ou crescimento.

Ao iluminar diferentes áreas, o Sol — pelo fato de localizar-se ano após ano em diferentes casas — permite conscientizar cada vez mais as partes que compõem a totalidade que somos e ao mesmo tempo nos dá duas possibilidades: desenvolver nessas áreas a consciência conquistada e, ao incluir novas zonas, expandir ou ampliar a mesma consciência com seu sentido ou propósito.

A descrição detalhada do Mapa permite que a pessoa abra a sua consciência, percebendo que está mergulhada em suas circunstâncias, sem alienar-se do que pode lhe acontecer. Vendo e compreendendo isso, sua capacidade para a resposta será diferente. E assim surge a idéia da integração: integrar as partes de si mesmo conscientemente é perceber que o que vem de fora — e que aparentemente não lhe diz respeito, mas que gera uma reação pessoal — é uma parte que necessita ser incluída conscientemente, ou seja, decodificada em seu significado e aceita.

Estamos mergulhados no mundo — interior e exterior — que nos pede que decidamos, ajamos, escolhamos e sejamos responsáveis pelas decisões, ações ou escolhas. Este é um ato de maturidade da Alma.

As Revoluções Solares vão mudando a cada ano; no entanto, uma é a continuação da anterior, com a qual vai se concatenando. O sentido de cada uma estará em função do que se vinha vivendo, porque o Sol é o fio da vida, o cordão que nos une com o sentido de transcendência enquanto estamos encarnados. A vida é um contínuo movimento que não se corta quando alguém faz aniversário, mas que tem a possibilidade de se transformar incorporando novos registros.

No Mapa de cada ser está aquilo que em geral se chama o nó górdio: é o núcleo do porquê e do para que da sua encarnação, o argumento da sua vida, que lhe dará a direção do seu aprendizado especial.

Em filmes e em livros podemos ver o argumento porque temos o princípio, o meio e o fim da história. Na transcurso da vida humana somos os personagens de nossa história individual. Desenvolver a capacidade de observação implica converter-nos em observadores objetivos e descobrir o argumento da nossa vida. Veremos que cada Revolução Solar é, simultaneamente, um todo em si mesma e uma parte dentro da totalidade da vida de um indivíduo. A Revolução Solar como um todo tem um início, um meio e um fim. Como parte, é a continuação da Revolução anterior e a etapa que antecede a próxima. Dessa analogia podemos deduzir que também esta vida que nos coube viver é a continuação de uma etapa anterior e a semente que fará germinar a próxima.

Sentimos a necessidade de revalorizar, de re-hierarquizar a técnica da Revolução Solar, pois, apesar de ser a mais usada, em muitos casos passou a ser uma mera técnica de previsão dos acontecimentos da vida: ver as formas e perder o sentido profundo que dá vida a essas formas. Acreditamos que é importante que a humanidade e cada um individualmente se abra às energias dos planetas transpessoais, cujo auge e desdobramento na atualidade é muito grande. Também acreditamos que não se deve esquecer que esses planetas são apenas partes dentro de um sistema cujo regulador ou ponto de referência é o Sol. Sem ele, nada poderia viver, respirar ou existir; por isso intentamos resgatar seu sentido de transcendência.

A Revolução Solar gerada pelo deslocamento do Sol tem um sentido único e pessoal para cada pessoa. A tarefa é resgatar o sentido profundo das experiências da vida no plano terrestre. Na interpretação do Mapa Natal, a tendência é desenvolver a idéia da relação e interação de todos os seus componentes.

O SOL

SEU SIMBOLISMO NESTA ESTRUTURA ASTROLÓGICA

Cada um dos planetas e signos está associado a uma cadeia de analogias, que são os temas relacionados com eles.

Dentro de sua cadeia analógica, o Sol tem uma infinidade de características associadas a ele. Uma delas, talvez a mais importante, é quando dizemos que o Sol é o espírito. Ampliando o termo, entende-se por espírito aquela parte do Ser imanente que habita em cada ser humano; a centelha ou embrião de Deus, ou natureza superior ou o TODO, como queiram chamá-lo. Essa natureza superior é eterna e imutável; sustenta, guia, abarca, contém o Ser e cria as condições de que necessita para sua evolução.

Como uma imperceptível e pequena luz ou centelha, habita no mais profundo do coração (que é o lugar físico que lhe corresponde). Cabalisticamente, é Tiphareth, o centro do coração, o ponto de união entre o Céu e a Terra, onde se integram o divino e o terreno.

É aquela força que nos impulsiona à unidade, à integração consciente de todas as partes, que contém a totalidade que somos. Esse espírito imanente está simbolizado pelo ponto central do Mapa Astrológico, que, em conjunto com a circunferência zodiacal, representa um Grande Sol. Esse ponto central não está submetido à noção de espaço e de tempo. O Sol central do Mapa, ou Espírito Imanente, abarca e contém o Mapa na sua totalidade, não estando, portanto, condicionado pelas circunstâncias espaço-temporais, mas sendo ele quem produz, provoca e promove essas circunstâncias.

O Sol do Mapa Natal ou Sol do nascimento de uma pessoa seria então "a expressão pessoal alcançada da consciência de Unidade, totalidade, do Todo ou de Deus". Não é o Ser Imanente, não é a parte que foi criada à imagem e semelhança, não é a memória da pátria celeste, a memória da origem a que devemos retornar. Viver no Ser é viver na Unidade e em unidade consigo mesmo, ou seja, em unidade com toda a manifestação. É a alquimia da polaridade, é o mistério da boda mística, é esse momento em que não há mais fora e dentro como coisas separadas, já que o de fora é igual ao de dentro e o de dentro é igual ao de fora. É viver em harmonia com a manifestação, que é aceitação, porque as coisas são o que são e quem vive na Unidade vive encontrando-se no todo e com tudo. É vida de encontros e de reencontros.

Se o Sol do Mapa Natal fosse a Unidade, seria perfeito em si mesmo e não haveria nada a acrescentar e nada a excluir. No entanto, sabemos que um Sol pode ter aspectos duros ou de atrito que expressam os esforços da pessoa para continuar evoluindo a "sua" consciência do Deus interior ou Espírito Imanente.

O Sol do nascimento representa o fio de vida ou de consciência; é o estado de consciência de si mesmo com o qual o ser nasce; retoma a vida no mesmo estado que chegou a Alma no momento de deixar a encarnação anterior; é o objetivo ao qual estava dirigido. É claro que essa orientação é absolutamente pessoal. A Astrologia não implica, necessariamente, o saber da reencarnação da Alma como conceito de crescimento e evolução; esta é uma abordagem ou aproximação esotérica do tema. Aplicando as leis do esoterismo, a lei de correspondência e reciprocidade, pode-se deduzir a analogia de que o que acontece em um plano pode acontecer em outro.

Sugiro uma observação. Se olharmos atenta e profundamente o estado ou condições externas do momento ou do tempo em que um ser deixa o seu corpo, poderemos comprovar que esse ser estava ocupado elaborando os temas do Sol em trânsito, no momento de desencarnar. Isto é, o Sol com que se desencarna indica os temas que ele está elaborando nesse trânsito, em direção à pátria celeste, que é a morte. São os temas com os quais se morre para o plano terrestre e se nasce para o plano celeste. Não se morre em qualquer momento, assim como não se nasce em qualquer momento. "Tudo tem um tempo sob o Sol... um tempo de nascer e um tempo de morrer..." E esse Sol pode ser o mesmo com o qual se volta a nascer para retornar ao estado de consciência alcançado, indicando os temas que o ser deve continuar elaborando no plano celeste.

Dentro da Astrologia, há quem se incline pelo conceito do genético, ou seja, que cada ser que nasce é uma expressão do que seus ancestrais fizeram, sentiram ou pensaram e, ao nascer, deverá continuar trabalhando para aperfeiçoar a linha genética, no ramo que cada um venha desenvolver dentro da árvore.

É certo que os dois conceitos não se contrapõem nem se rejeitam. São diferentes caminhos (conceitos) para chegar ao mesmo lugar.

Para a ciência, o Sol tem — dentro de sua cadeia de analogias — uma especial: a VIDA. E a vida tem um sentido, um significado e um propósito; tem uma orientação, tende para algum lado, orienta a pessoa.

O Sol, esotericamente, é concebido como o corpo ou a manifestação de Deus. Nascemos com um determinado Sol que expressa o nível de consciência alcançado, o nível de evolução, o grau de despertar obtido que, em algum momento, voltará a se manifestar.

Poderíamos associar o despertar da Alma com o despertar da consciência do Deus interior.

Vemos, com o Sol, por onde a pessoa tomará consciência dela, por onde desenvolverá seu processo de individuação e como, a partir daí, terá a responsabilidade de pôr em atividade o conhecimento e a sabedoria inerentes à sua própria evolução — que como Alma encarnada tem — para continuar seu caminho de integração, o caminho para a Unidade.

Dentro de sua cadeia de analogias, o Sol tem relação com o pai, com os ideais ou aspirações superiores, com as situações nas quais o ser poderá desenvolver a Luz de sua Consciência, ou seja, seu brilho, seu poder, sua autoridade, sua essência. O reconhecimento do meio exterior só virá como conseqüência do reconhecimento ou valorização que primeiro realize o indivíduo. O que sucede no exterior será conseqüência do interior. O Sol também habilita para o contato com pessoas de determinado poder social, econômico, cultural, etc.

Estar no próprio Sol seria utilizar o poder que temos, à imagem e semelhança com o CRIADOR; seria poder determinar as próprias circunstâncias de vida, usar esse recurso de criação (dentro dos limites do finito), escolher, decidir, determinar e assumir a responsabilidade que esse poder traz, para nós mesmos e para nossas próprias criações e para com o mundo exterior.

CHAVES DE INTERPRETAÇÃO

Estas chaves assinalam onde olhar quando nos dispomos a interpretar um Mapa.

1) O Mapa do ano se interpreta:

a) como um mapa em si mesmo e
b) em relação com o radical ou Mapa Natal.

a) Como um mapa em si mesmo significa que se deve interpretar o Ascendente com suas características especiais; em seguida agregar as tendências do ou dos regentes do tema de acordo com sua posição por casas, signos e aspectos dados para a orientação pessoal do ano; depois, ver a Lua por signo, casa e aspectos, e os outros planetas.

b) A Revolução Solar por si só não tem validade se não se interpretarem os dados anuais em relação com o radical: "Nada do que pode acontecer a uma pessoa em um ano está desconectado de seu mapa mãe ou raiz", já que este é o fundamento de sua experiência no seu ciclo evolutivo presente. É o mapa do início da vida individual no plano material e, como tal, tem contido em si mesmo a totalidade das possibilidades dos acontecimentos, circunstâncias, experiências e vivências que a pessoa terá no transcurso de sua viagem no plano terrestre. Diz-se, então, que no dia do aniversário está contido e condensado tudo o que será o ano, assim como no Mapa Natal está contida e condensada toda a informação que essa semente humana tem no caminho ou roteiro de sua evolução.

2) Interpreta-se o Sol, o setor do ano em que está localizado fisicamente e o setor do ano que ele rege (cúspide de setor que contenha o signo de Leão). Estes serão os temas através dos quais a pessoa estará objetivando-se, por onde expressará seu plano consciente e sua busca durante o ano. Essa posição é a mais importante, já que a Revolução Solar refere-se à expressão do Sol. Ano após ano, o Sol se localizará e será o regente de diferentes setores. Essa mudança de cenário ou de lugar de ação e operação possibilita que, em cada ano, a pessoa expresse o seu ser nas diferentes áreas concretas (expressadas pelas casas) e, ao mesmo tempo, possa abrir e incluir novos registros desse lugar físico, porque, como sabemos, a posição física de um planeta numa casa toma e expressa as características e analogias que a casa tem no zodíaco fixo. Por exemplo, o Sol na casa sete do ano se objetivará através dos vínculos e do casal, ou seja, a forma será libriana. Como o Sol é luz, é a luz da consciência individual, sua localização ilumina a área em que está presente durante o ano. Nascemos com um propósito (Sol), mas a cada ano esse propósito se amplia, se enriquece e se expressa através de sua saída concreta (casas), com os diferentes temas de vida. A posição do Sol por casa ou setor e a casa governada por ele, tanto no Mapa Natal quanto na Revolução Solar, serão os indicadores do lugar onde o ser toma consciência de si, onde encontrará e afirmará o seu centro, a sua auto-estima, o seu valor real; o lugar onde iluminará com a sua luz e por onde unirá o céu à Terra, expressando sua consciência de filho de Deus ou consciência celeste, sua unicidade e seu poder de ser uma criação única e irreproduzível.

3) Interpreta-se a Lua do ano, o seu signo, setor e aspectos. Ela levará ao setor onde está localizada no ano, os temas de sua regência, tanto os do radical como os do ano.

A Lua dará o clima emocional e psíquico do ano, e se verá a relação por aspecto com a Lua radical. A Lua anual indicará os aspectos inconscientes que estarão operando e interagindo com o Sol (plano consciente, a vontade e o propósito). A Lua sempre está relacionada com o mundo dos desejos, dos hábitos, dos mecanismos e automatismos, e representa o Ser enredado na matéria, preso a seus desejos e apegos e, portanto, "adormecido". É a parte que se identifica com a matéria e por isso, esotericamente, é o primeiro planeta com que se deve começar a trabalhar sobre si mesmo. A Lua assinala o lugar onde se tende a dormir por hábito, pelo costume, pelo mecânico; na Lua somos lembranças, somos a expressão inconsciente de nossos ancestrais, da nossa genética, da nossa memória.

4) A Revolução Solar não é um mapa isolado, mas um mapa que tem sentido à luz do Mapa Natal. Portanto, todos os planetas do mapa anual levam e expressam, onde estão presentes, os temas, ou seja, o significado de sua regência e de sua presença no radical.

5) Para interpretar uma Revolução Solar é preciso desenrolar a cadeia de analogias dos planetas e dos signos para poder alcançar deduções mais ricas e dar ao consulente material suficiente para que trabalhe o seu ano pessoal. Às vezes, reduz-se a umas poucas características a abundante riqueza que cada arquétipo ou símbolo representa em imagens, modalidades ou tendências, empobrecendo a interpretação. Ou só se interpreta a sobreposição dos setores, que, mesmo sendo importantíssima e permitindo tirar rápidas conclusões, é somente uma parte dentro da totalidade.

6) *Interpreta-se a sobreposição dos setores.* Cada um dos setores do ano vai se sobrepondo aos diferentes setores do radical, e tiram-se as conclusões de acordo com o que cada um simboliza.

7) *É importante ver na interpretação do mapa anual sobre quais setores do radical estão localizados os planetas no momento do aniversário.* Não podemos nos esquecer de que esses são os trânsitos do dia sobre o Mapa Natal e que estarão fixos sobre um novo mapa.

8) *Os planetas do ano terão regência sobre o mapa anual e sobre o radical.* Quando o planeta que está movido (por alguns dos métodos para interpretar períodos) é um anual, terá relação com os dois mapas pelas suas regências e presenças. O que significará como acontecimento para esse momento se deduzirá de ambos os mapas.

9) *Os planetas do Mapa Natal terão regência somente sobre si mesmos.* Quando o planeta movido (por alguns dos métodos para interpretar períodos) é um do mapa radical, será visto exclusivamente pela regência em relação ao radical; só poderá estar relacionado com os temas representados pelo setor do ano a que está sobreposto, do qual se deduzirão as circunstâncias ou acontecimentos.

10) *Quando (pelos mesmos sistemas de períodos) se ativa algum aspecto entre planetas do radical, é importante entender e desenvolver que, nesse momento, se está movendo algo muito íntimo, interno e profundo, algo que a pessoa poderá registrar como próprio, ou seja, uma velha sensação, vivência, conflito ou harmonia.* Exemplo: conjunção Vênus–Saturno no radical na terceira casa. Esse aspecto está sobreposto à casa 5 do ano, e quando, por exemplo, o Ascendente progredido chegar à conjunção, estará movendo algo já importante do radical que, nesse ano, poderia vir através de acontecimentos da casa 5, devido ao fato de o aspecto radical cair sobre esse setor anual.

11) *O Ascendente anual dará as tendências, as necessidades e os desejos pessoais;* a modalidade que a pessoa expressará ou necessitará desenvolver, e os temas concretos que ocuparão a sua atenção, dados pelo signo e pela casa radical sobrepostos.

12) *O governante do ano (regente do Ascendente) dará a indicação de por onde se realizará a saída individual (sua presença na casa e no signo).* Será significativo o lugar onde está presente no mapa radical, pois serão estes os temas que desenvolverá na sua nova posição anual. Quando o governante do ano repete aspectos que já tinha, estes serão os temas que a pessoa poderá sentir e trabalhar; compreender que um conflito existente (no radical) se está reativando no plano do EU (Ascendente anual) para ser conscientizado, agora como aspecto

da própria personalidade. Um exemplo: se a pessoa no mapa radical tem o signo de Câncer na cúspide da terceira casa e uma Lua regente com aspectos hostis ou difíceis, projetará o tema de conflito (se ainda não se fez consciente) sobre a irmã ou irmão, sobre os vizinhos, etc., e não sobre si mesma. Então, durante o ano em que o Ascendente cai nessa posição, a Lua passará a ser a governante do tema. As condutas mentais ou de comunicação serão revisadas, assim como aqueles traços de si mesmo que antes eram reconhecidos nos irmãos e que agora estão na própria estrutura do eu para serem analisados.

13) O Meio do Céu do ano indicará quais serão as metas, as realizações e os acontecimentos concretos no transcurso dessa Revolução. Os regentes do Meio do Céu darão também a pauta sobre para que lugar estão orientadas as metas ou com que terão relação, de acordo com a sua localização física e o seu signo. Os aspectos dirão se as metas se concretizarão com maior ou menor facilidade, com dificuldade, com rapidez, com demoras e de que classe serão.

14) Os planetas presentes no Meio do Céu do ano são de suma importância. Determinam e marcam o acontecimento concreto do ano. Deduz-se este acontecimento dos temas que eles regem nos dois mapas, as analogias de sua natureza básica e as situações de sua presença no radical. Por exemplo, com a Lua presente no Meio do Céu do ano, os temas de sua natureza básica estarão ligados a mudanças, viagens, questões familiares, a mãe ou a maternidade, etc. Além disso, na interpretação devemos incluir os temas de onde provém o planeta (significa o lugar físico que ocupa no Mapa Natal). E as casas que a Lua rege em ambos os mapas também determinam o acontecimento. Exemplo: a Lua regente da casa 2 radical e da casa 5 anual.

15) Há alguns modos de comprovar se a Revolução Solar está bem calculada: a) pela posição do Sol no setor do ano, que corresponderá, de acordo com o setor, a determinadas horas locais do aniversário. A linha do horizonte visível do Mapa, que marca o Leste e o Oeste indicados pelo Ascendente do momento e o Descendente, divide o mapa em duas partes, dando assim a divisão entre o dia e a noite. O Sol acima do horizonte está nas horas diurnas e o Sol abaixo do horizonte está nas horas noturnas. Exemplo: uma pessoa celebra seu aniversário às 22h30, hora local. O Sol a essa hora estará na casa 5 do ano. b) Outra forma é a sobreposição do Ascendente anual sobre os setores do radical. Se a pessoa, por exemplo, fez 41 anos, o Ascendente anual cai sobre a casa 12 radical. De acordo com a técnica da Revolução Solar, os Ascendentes vão-se sucedendo de quadrante em quadrante, ou seja, mais ou menos em ângulos de 90 graus. Isso não é sempre exato, pois a distância de um Ascendente ao outro do ano seguinte pode variar desde um pouco mais de 60 graus até um pouco menos de 120 graus. Isso vai depender dos hemisférios, dos signos de longa ou curta ascensão reta ao Meio do Céu e da diferença nas latitudes mais boreais ou mais austrais.

16) Como o movimento do Sol não é constante, seu retorno anual ao Sol radical não se realiza necessariamente no mesmo dia ou à mesma hora do nascimento. O retorno pode realizar-se no mesmo dia do nascimento em diferentes horas, um dia antes ou um dia depois. Ele só se repete quase à mesma hora e dia do nascimento aos 33 e aos 66 anos, e acontece nesses anos a mesma domificação. Quando a pessoa faz anos em um dia ou em uma hora diferente da hora do nascimento, a domificação não é igual, dando-se a sobreposição dos setores. Quando a pessoa nasce mais ou menos dentro das primeiras doze horas do dia, é possível comemorar o aniversário um dia antes. Quando se nasce dentro da segunda parte do dia, é possível comemorar aniversário no dia posterior ao do nascimento.

17) Seria conveniente desenhar os dois mapas juntos. Ou seja, desenhar a Revolução Solar como mapa principal em uma cor e, em cima, o radical em outra cor. Se nos acostumarmos ao mais complexo visualmente, depois será mais fácil nos familiarizarmos com o simples. Uma boa interpretação depende não só dos conhecimentos incorporados e assimilados, mas também da capacidade para concentração do astrólogo intérprete. Se os dois mapas forem usados em separado, corre-se o risco de se desconcentrar ao levar os olhos de um mapa ao outro. Além disso, se estiverem juntos, também é possível ter uma visão mais global ou total do processo, para não fragmentá-lo.

18) A interpretação deverá ser ampla, global e não determinada, para que o consulente associe o sentido, já que é ele quem está verdadeiramente a par de sua vida em detalhe. O astrólogo — intérprete das relações e conexões energéticas vibracionais — poderá orientar esse sentido, mas a palavra final é do consulente. Ainda assim, pode-se descrever um conflito, mas não o grau de intensidade com que ele será vivido, o que dependerá de inúmeras variáveis evolutivas da consciência: do grau de regeneração ou transformação necessário, do nível de resistência ou negação da pessoa ao conflito, ou se o conflito em questão já foi trabalhado pela pessoa, etc. É possível saber se se trata de um ano mais ou menos tenso, e dos planos ou situações em que estão essas tensões, mas não a intensidade com que elas serão vividas internamente, por mais que o aspecto que estejamos considerando seja uma quadratura. Se a pessoa tem consciência do conflito expressado pela quadratura, comprova-se que ela pode ter complicações, mas seu nível de resposta será totalmente diferente. Ao estar em contato com a interioridade, a pessoa tem capacidade para enfrentar ou resolver o conflito conscientemente e não entrar em crise. É importante descrever a tensão ou conflito representado pela quadratura, pela sesquiquadratura ou pela oposição, para que o consulente possa reconhecer essas partes em conflito dentro de si e trabalhá-las, em vez de vivê-las como situações externas que o obscurecem ou perturbam.

19) As quadraturas e as sesquiquadraturas, principalmente, implicam anos muito tensos.

20) Os planetas que estão no Ascendente marcarão ou definirão a conduta pessoal no ano, pois imprimem sua natureza no eu. Simultaneamente, como esses planetas são um trânsito sobre o mapa radical, mostrarão os assuntos aos quais a pessoa deverá prestar atenção e elaborar por sua relação com o Mapa Natal. Também pode acontecer que o Ascendente anual se sobreponha a planetas radicais, e isso dará a possibilidade de expressar ou experimentar essas energias a partir do Eu, ou como tendência pessoal.

21) Cada Revolução Solar é um novo ciclo do Sol, um miniciclo dentro do grande ciclo que é a vida humana no planeta. O grande ciclo está representado pelo Mapa Natal. Do mesmo modo como vemos os ciclos dos planetas dentro do Mapa Natal, na Revolução Solar podem-se observar os ciclos que cada um dos planetas está realizando, e também é possível interpretar a fase em que cada planeta está com relação à sua própria posição radical. Por exemplo: Júpiter radical a 10° de Escorpião. Quando alguém celebra seu aniversário com Júpiter em trânsito a 10° de Libra, esta posição lhe indicará que está próximo de um retorno, ou seja, está na fase de dissolver o ciclo que começou há quase onze anos; portanto, os assuntos relacionados com ele estão numa etapa de reorientação, de revisão e de dissolução, pois se prepara para um novo início.

22) Se o Meio do Céu ou o Ascendente anual se sobrepõem a algum planeta do Mapa Natal, esse planeta terá um significado especial durante o ano.

23) Antes de começar a interpretação é preciso observar atentamente qual ou quais são os temas do radical que serão vividos com mais intensidade ao longo do ano. Isto se vê pelas sobreposições dos setores, os aspectos que o mapa do ano faz com o radical, as posições dos planetas pelo signo e pelo setor do ano e sobre quais setores do ano caem os planetas do radical.

24) São muito importantes os aspectos que os planetas anuais fazem aos natais, ou seja, os trânsitos e o modo em que movem o mapa radical. Quando transitam planetas lentos sobre planetas do radical, geralmente esse trânsito dura mais de um ano, e na Revolução Solar desse ano se verá, especificamente, em que área será vivido ou sentido aquilo que o aspecto significa para a pessoa. Na Revolução Solar seguinte, o aspecto será vivido em outro lugar de acordo com a domificação desse ano, e, possivelmente, o aprendizado virá com o mesmo significado mas com outro contexto. Exemplo: Plutão em trânsito em conjunção com o Sol radical; esse trânsito dura vários anos, pois Plutão começa a ter influência dois graus antes do aspecto partil ou exato. Sendo assim, a pessoa viverá o aspecto pelo menos durante quatro Revoluções Solares (talvez mais). O significado do trânsito será dado pelo mapa radical, mas como nas Revoluções Solares os dois planetas se localizarão por presença e regerão diferentes setores enquanto durar a conjunção. O mesmo aprendizado poderá efetivar-se em áreas diferentes da vida e em circunstâncias diferentes.

25) *Se no momento do aniversário um planeta estiver partil com uma cúspide, significa que é uma situação que a pessoa está vivendo nesse momento.* Esse evento estará relacionado com a natureza básica do planeta e com a cúspide em questão, e também com os assuntos que esse planeta rege em ambos os mapas.

26) *Se no momento do aniversário um planeta estiver uns poucos graus depois de uma cúspide, significa que essa situação vinha de uma etapa ou ciclo anterior.* Essa situação se deduzirá do planeta e da sua natureza básica, dos temas da casa em que se encontra e dos temas que ele rege em ambos os mapas.

27) *Os planetas que se aproximam de uma cúspide indicam algum acontecimento próximo a ser vivido no ano como algo novo.* Esse acontecimento terá relação com a natureza básica do planeta e com os temas vinculados com o setor do qual se aproxima. Podemos dizer que, se Júpiter está a 4° da cúspide do sexto setor, a pessoa poderá viver ao redor do quarto mês depois do aniversário as expectativas que tinha relacionadas com a melhoria das condições de trabalho ou às vinculadas com o corpo e a saúde.

28) *Sempre há um tema fundamental no ano.* É o tema básico, o nuclear, e vamos encontrá-lo expressado de diversas formas. Na Revolução Solar haverá ao menos quatro ou cinco lugares que se referirão a esse tema central.

29) *Deve-se prestar especial atenção aos planetas que estiverem retrógrados no momento do aniversário.* Eles tenderão a travar ou dificultar os temas do setor em que estão presentes e o relacionado com sua natureza básica, enquanto durar a retrogradação. Enquanto isso acontece, é preciso também observar o que acontece com os temas do setor oposto ao lugar da retrogradação.

30) *Os planetas Mercúrio, Vênus ou Marte em retrogradação dificultam especialmente o pessoal.* Mercúrio: assuntos relacionados com estudos, comunicação, viagens, comércio, com qualquer tipo de transação em que intervenham papéis de valor e a assinatura, com vendas ou compras, com telefonemas, contestações ou confirmações de temas concretos, cartas, respostas, questões com vizinhos, audiências, etc. Nesse caso, o melhor será esperar até que o planeta tome curso em marcha direta. Mercúrio retrógrado é bom para buscar maior profundidade de pensamento relacionado com algo em especial, com dar profundidade ao entendimento e ao raciocínio. Bom para refletir sobre escritos, modos de falar ou de se expressar. Pode trazer mais clareza ou lucidez mental. Também é certo que os que têm Mercúrio retrógrado no nascimento podem sentir-se melhor quando o planeta retrograda anualmente. Poderíamos estender esse conceito inclusive para algumas posições de Mercúrio em alguns signos, como os de água.

Por outro lado, Vênus retrógrado indica que tudo o que está relacionado com a sua energia básica poderia estar travado, atrasado ou com dificuldades. Os temas podem ser: amor, relacionamentos, vínculos, valores, dinheiro, namoros, noivados ou casamentos, presentes ou objetos femininos, etc. Inclusive, não seria aconselhável a concretização de um casamento até o momento em que o planeta tome o seu curso direto. Como qualquer empresa que se queira criar, se a atividade está relacionada com o venusino, deve-se esperar seu curso direto. Exemplo: a pessoa quer abrir um negócio relacionado com perfumaria, roupa feminina, flores, presentes, decoração, etc. O planeta envolvido no projeto é Vênus, o qual deve estar com bons aspectos e em marcha direta; também se deveria prestar atenção ao planeta Mercúrio, pois o comércio está relacionado com ele.

Marte em retrogradação está num processo de revisão e recapitulação do eu e das formas de realizar o desejo pessoal. Por isso, não só fala do aprendizado interior com relação à forma de fazer, de decidir, de empreender ou de executar, mas também que se pode ver dificultada a saída para o exterior, já que a ação está orientada para dentro, está voltada para si mesma e não terá os efeitos desejados para fora enquanto o planeta não tomar o seu curso direto.

31) Mercúrio retrograda três vezes por ano, entre 21 e 23 dias. Mesmo que ele esteja em marcha direta no momento do aniversário, deve-se verificar em que setores do radical e do ano as retrogradações vão produzir-se. Observa-se em que dias estará o ciclo e o grau em que se produz a marcha de direto a retrógrado, e em que grau o planeta começa ou toma curso direto. Seria interessante observar o que trazem e o que produzem esses três momentos de cada ano.

32) Vênus retrograda a cada 18 ou 19 meses, entre 42 e 43 dias. Isto significa que nem sempre estará em marcha retrógrada durante uma Revolução. Quando isso acontece, indica um período especial de recapitulação durante o ano. Pode acontecer que Vênus não esteja retrógrado no momento do aniversário, mas que a retrogradação se produza no decorrer do ano. É importante também ver o que Vênus rege, onde vai retrogradar e que temas poderia estar afetando (além dos de sua natureza básica).

33) Marte retrograda a cada 25 meses e alguns dias. Por um período de 80 dias, ele se mantém em marcha retrógrada e leva quase 70 dias para passar novamente sobre o grau em que havia retrogradado. Esse é um tempo fundamental para destravar e exteriorizar o que foi visto, revisado e recapitulado interiormente. A cada dois anos, aparece a possibilidade de revisar as próprias ações, de fazer um exame interno do eu para refocalizar e reorientar as condutas, as ações e as modalidades do fazer, do desejar e do dirigir a própria existência. Marte no mapa facilita poder ver internamente como provocamos e somos produtores da nossa existência, ou seja, aquilo que geramos em nós mesmos, assim como aquilo que provocamos ou produzimos no exterior com a nossa energia em forma de violência, brigas, discórdias, cortes, etc. Nós expressamos o que somos no que fazemos e no como fazemos. Esse fazer ou agir, e sua revisão, estarão relacionados com os assuntos das casas em que isso se produz.

34) *Os planetas sociais (Júpiter e Saturno) e os transpessoais (Urano, Netuno e Plutão) retrogradam todos uma vez por ano*, cada um em tempos diferentes. Quanto mais lento o planeta, mais dias de retrogradação.

35) *Júpiter retrógrado indica que estamos num processo de ordem e organização interna prévia, antes de se produzir externamente.* É o momento de encontrar e definir internamente os limites, pois, enquanto durar a retrogradação, será difícil fazê-lo externamente nos temas relacionados com os setores (do radical e do ano) onde se produz a retrogradação. Essa retrogradação produz recessão no social. Se Júpiter estava direto no momento do aniversário, presta-se atenção ao tempo de sua retrogradação.

36) *A retrogradação de Saturno como princípio de limitação, realidade e estruturação traz uma revisão interna dos limites, medos ou dificuldades nas áreas em que se produz.* A estruturação se realizará no interior, uma revisão subjetiva dos obstáculos que são parte do aprendizado e que permitirá ver as possíveis condutas subjetivas que encontram dificuldade para a mudança. A discriminação, o senso de economia e de objetividade que Saturno propõe durante a sua marcha retrógrada serão vivenciados internamente e nos temas em que o planeta está em trânsito (signo e casa), tanto no radical quanto no anual.

37) *Para organizar possíveis viagens ou deslocamentos, observar Mercúrio e a Lua.* Eles devem estar em signos mutáveis ou cardeais, ou nos setores correspondentes e com bons aspectos. Para viagens longas, incluir a casa 9 do ano, onde está presente seu regente, que aspectos tem e que planetas aparecem na casa 9. Observar, inclusive, sobre que casa do radical está a casa 9. E a casa 9 radical, onde se localiza e que aspectos recebe ou dá o seu regente.

38) *Para as mudanças, ver a Lua e Mercúrio* (compras, vendas, assinatura de contratos), as casas 4 radical e anual, onde e como estão aspectados os regentes, onde se sobrepõe a casa 4 radical, que casa se sobrepõe à casa 4 anual, e se há planetas presentes nelas.

39) *A casa 12 do ano dará as provas que o destino individual coloca para a pessoa.* Os temas estarão relacionados com o setor radical sobreposto à casa 12, os temas dados pelo signo localizado nela e pelos regentes da mesma. Provas significam o aprendizado do ano e as possíveis negações ou resistências para ver condutas inconscientes. Essa casa está envolvida no processo de eliminação, desintegração ou dissolução, para incluir, abarcar e integrar uma nova consciência.

40) *Quando o consulente tiver como preocupação a finalização ou o início de algum tema específico, deve-se olhar a casa relacionada com esse tema e as três casas de água, que são indicadoras de mudanças e de finalizações.* Exemplo: para um julgamento, deve-se olhar a casa 7 (anual e radical), os regentes e seus aspectos, a relação por aspectos ou por sobreposição que tenham com as casas 4, 8 e

12 (radical e anual). Principalmente, deve-se relacionar a casa que representa a preocupação do consulente com a casa 4, que é a dos fins e dos começos.

41) Seria interessante observar os aspectos do ano, porque, mesmo havendo muitos, há anos em que prevalece a quadratura, outros em que o aspecto que predomina é a oposição, ou anos onde o quincunce ou a conjunção são os mais repetidos. Portanto, a interpretação será feita de acordo com a visão global da inter-relação que os aspectos tenham no ano. O aspecto dominante determinará a orientação do ano individual. Os aspectos têm as características dos signos onde são gerados: a conjunção tem características arianas; a oposição, librianas; o quincunce — se for crescente ou minguante — tenderá ao virginiano ou ao escorpiano; as quadraturas orientarão para um ano de tensões mais inconscientes ou mais conscientes e reflexivas, se tiver mais quadraturas crescentes ou minguantes, e assim com o resto dos aspectos.

42) Outro tema importante são os eclipses. Deve-se dar atenção às casas do ano em que se produzem, assim como os vemos no Mapa Natal. O certo é que nem todos os eclipses são fortes para todas as pessoas, porque não mobilizam necessariamente planetas do radical, mas agem igualmente nas casas onde se produzem. Há eclipses que são fortes por si mesmos por diversos motivos. Os eclipses ativam as casas do mapa radical com seus temas e agem nas casas do ano onde ocorrem. Exemplo: eclipse de Sol de Nodo Positivo no signo de Escorpião ocorrendo na casa 10 radical. Ele está ativando as metas, a profissão ou a autoimagem que se projeta na coletividade, entre outras coisas, mas no ano acontece na cúspide da casa 6 anual, evidenciando por onde e com que temas estão relacionadas as mudanças que o eclipse traz para a pessoa.

43) As progressões dos planetas por secundárias ou por arco solar (dependendo de qual se utilize), podem incorporar-se à Revolução Solar. Temos visto a Lua progredida (por secundárias) ter um efeito ou atividade importante sobre o setor do ano que está sobreposto ao setor radical por onde a Lua se desloca. Há anos em que as progressões não são significativas por não apresentarem mudanças de signos, de marchas ou aspectos partis. Os anos significativos são aqueles em que se deveria relacionar essas progressões com o mapa natal e seus planetas.

44) Incluem-se os trânsitos dos planetas (principalmente os pessoais) pelas casas do ano e a sua sobreposição com o radical, para a descrição das energias em jogo em cada momento do ano. Nos trânsitos dos planetas lentos, deve-se prestar atenção às mudanças de casa ou se no decorrer do ano há algum aspecto que não estava marcado no início da Revolução Solar.

ASPECTOS

Devemos esclarecer que, na interpretação dos aspectos, seja de um tema radical ou de uma revolução, utilizamos sua relação de acordo com sua fase crescente ou minguante.

Seguindo o mesmo conceito das fases lunares, vemos as velocidades relativas dos planetas envolvidos em um aspecto: como sempre, o planeta rápido marca o aspecto e indica se está se afastando ou se aproximando do planeta lento. O afastamento é a fase crescente, e, ao chegar ao ponto de máxima distância na oposição partil, o planeta rápido começa a diminuir sua distância com relação ao lento: esta é a fase minguante.

Consideramos que a primeira quadratura crescente não é igual à segunda, que é minguante. Há uma tendência para generalizar a interpretação dos aspectos, mas quem investigar um pouco concordará conosco que os aspectos em suas duas fases são de natureza e orientação diferentes.

Os aspectos têm as seguintes características:

Iniciamos com a Conjunção ou 0° grau de Áries, o mais forte e ativo dos aspectos, de natureza dual, que pode ser harmônico ou desarmônico, o que vai depender da natureza essencial dos planetas envolvidos. A conjunção indica o início de uma nova etapa na integração dos planetas em questão.

Segue-lhe o Semi-sextil ou 0° grau de Touro, aspecto de consolidação e construção por excelência. Este é um aspecto menor, mas forte e consistente no sentido de dar forma, segurança, construção ou assentamento àquilo que se iniciou com a conjunção.

Logo vem a Semiquadratura ou 15° de Touro. Aqui nos deparamos com o ponto de maior resistência à mudança, a negação do movimento, o ponto de maior paciência e obstinação; é um aspecto menor, tenso.

Segue-lhe o Sextil ou aspecto de 60°, que corresponde a 0° de Gêmeos. Este aspecto é um harmônico relacionado com a comunicação e o intercâmbio.

Ele dota a pessoa de habilidades múltiplas em relação à linguagem, à comunicação em suas diversas formas e dá uma especial clareza ou versatilidade mental e amplitude de entendimento.

Em seguida vem outro aspecto menor chamado Quintil ou ângulo de 72°, que corresponde a 12° de Gêmeos. É indicador de capacidade e potencialidade criativa. Este aspecto divide o zodíaco em cinco partes de 72° cada uma, formando a estrela de cinco pontas. Vemos aqui a importância e o valor deste aspecto ao realizar a divisão quíntupla como a natureza nos diferentes planos de manifestação. A estrela de cinco pontas contém a divina proporção ou número áureo pitagórico.

O seguinte é a primeira Quadratura ou ângulo de 90°, que corresponde a 0° de Câncer, aspecto maior, muito tenso. Implica um confronto: os planetas entram em choque para ver qual vai ganhar. Nesta primeira quadratura é o planeta rápido que se desentende ou projeta fora a tensão com o planeta lento, lutando com ele. Extroverte e projeta o conflito que lhe produz o planeta mais lento, não reflexivamente, mas de forma impetuosa e instintiva.

Logo segue-se o Trígono ou aspecto de 120° ou 0° de Leão. Este é um harmônico maior, aspecto de auto-afirmação, autocentralização e de autovalorização. A energia flui sem travas ou limites, pois nesta área já se aprendeu a confiar ou se confia porque se sabe que está tudo bem, que se está protegido e amparado. É claro que isto não é nada externo e sim uma expressão de segurança interior. Definimos o trígono como "o repouso do guerreiro", pois, tendo passado pela luta representada pela quadratura, entra-se num estado de distensão que se segue à batalha ganha.

Vem depois um aspecto menor chamado Sesquiquadratura ou ângulo de 135°, que corresponde no zodíaco a 15° de Leão. Consideramos que este é um aspecto forte e importante, quando há um ou mais deste aspecto na Revolução Solar, pela possibilidade de transcender o estado de consciência. É também um aspecto de ruptura, no qual se rompe ou se quebra uma forma, modalidade ou tendência para a abertura da possibilidade de individuação. O que se rompe é um estado de egotismo para entrar num estado de individualidade. Não nos esqueçamos que o primeiro trígono, que vimos anteriormente, é a afirmação do ego. Os trígonos crescentes têm muito ego. Ele produz, às vezes, aquilo que a medicina chama de consunção, eliminação dos líquidos do corpo.

Segue-se-lhe outro aspecto menor, o Biquintil ou ângulo de 144°, correspondente a 24° de Leão. É um harmônico menor, mas consideramos que trabalha no sentido do processo — que iniciou a sesquiquadratura de individuação — através do qual a pessoa pode resgatar a consciência de sua alma, ou seja, vive-se como um aspecto de salvação. A pessoa se salva, resgata suas potencialidades adormecidas na alma, seu saber, sua possibilidade. Este é um aspecto que descreve as potencialidades criativas. Este é também a possibilidade de entrega, confiada à condução do superior que existe em todos nós. Em geral, ele é vivenciado como um estado de entrega, onde não se registram estados emocionais negativos. Pode trazer o sentimento de não poder voltar atrás.

No grau 150 ou 0° de Virgem forma-se o aspecto chamado Quincunce ou Quincôncio. Ele se relaciona com a depuração, com limpeza e catarse, com a discriminação dos valores e tendências que servem e dos que não servem ao processo. A discriminação é o processo necessário para ir ao encontro da experiência posterior que a oposição suscitará. O quincunce produz tensão e insatisfação devido ao sentimento de retesamento na possibilidade de integração. Na realidade, o planeta rápido que está no ângulo de 150° coloca a revisão da modalidade (do planeta e do signo) que é necessário depurar. Este aspecto traz uma sensação corporal de que os diferentes corpos (físico, mental, emocional, etc.) estão desencaixados, não alienados. Se essa desarmonia chegar a um extremo, pode produzir problemas de saúde, já que o sujeito não pode selecionar o que serve, o que é valioso e o que não é.

A Oposição é o aspecto que divide ou separa a fase crescente da minguante; a partir daí inicia-se o ciclo minguante. Seu ângulo é de 180°, que corresponde a 0° de Libra. Este é o único aspecto que cruza a mandala astrológica, aquele que representa o verdadeiro centro da pessoa. É a possibilidade de integrar a outra parte de si mesma, de resumir, de equilibrar o consciente e o inconsciente, de harmonizar o "eu" que se vive como "não-eu", ou seja, "os outros", que não são mais que expressões inconscientes da pessoa ainda na sombra. Este é um aspecto que será vivido com outros e por outros e que nos obrigará a polarizar-nos de um extremo ao outro, até que entendamos ou compreendamos como conquistar a integração. Consideramos Libra como o signo do equilíbrio em movimento sutil; é o signo do equilibrista, daquele que caminha sobre o fio ou na borda e cujos movimentos devem ser suaves, sutis, tênues, não bruscos, sem chegar ao extremo, porque, se o fizer, o equilibrista cairá do fio ou corda em que anda. É como os pratos da balança que entram em equilíbrio a partir do centro, e esse equilíbrio não é duro nem estático, mas suave e com leve oscilação de um prato ao outro, de um extremo ao outro.

A partir daí começa a contagem regressiva ou fase minguante, na qual o planeta rápido vai ao encontro do lento.

No ângulo 210 ou 0° de Escorpião realiza-se o segundo Quincunce (150 graus). Este já tem relação com a mudança e a transformação, com o despejo do que se assimilou e integrou no processo anterior. Aqui é onde algo deve morrer, deixar-se, soltar-se, para que se produza o processo do terceiro nascimento, o do espírito.

Logo vem o grau 225 ou 15° de Escorpião: a segunda Sesquiquadratura. Aqui também se parte a consciência conquistada na oposição, produzindo uma crise profunda da Alma, que deve abrir-se para VER outras realidades e aprender a voar até os altos cumes, preparando-se para esse vôo. Esta é uma crise, ou ponto nevrálgico da consciência de vínculo e/ou de relacionamentos, que ocorreu na oposição, ou seja, crise relacionada com a integração dos opostos.

Passamos em seguida ao Trígono minguante, que propõe o grau 240 ou 0° de Sagitário. A pessoa com este tipo de aspecto tem uma visão ampla, global da totalidade do processo. Pode pensá-lo e destilar dele compreensão e sabedoria; não é egóico, como o primeiro trígono, move-se mais por certezas e intuições que vêm da conexão com o superior ou transcendente, de sua capacidade de vôo, de expansão, de sua cosmovisão da totalidade.

No grau 270 ou 0° de Capricórnio realiza-se a segunda Quadratura, aspecto de tensão, mas de luta gratificante, de conquistas, apesar do esforço. Nesta quadratura é possível refletir, meditar profundamente sobre o conflito, sobre o que se conquistou, o que alcançou a meta, o que chegou no ápice e o que não chegou, o que não se realizou, a crise de metas, conquistas e resultados na vida. Este é um aspecto de introversão, de introspecção, que se assume ou se compreende como a dificuldade ou o obstáculo que há nessa conquista. O obstáculo está em si mesmo e não nas circunstâncias externas que possam facilitar ou dificultar o processo. Aqui se compreende que, se você deseja conseguir algo, terá de trabalhar para isso, esforçar-se, persistir. É a possibilidade de chegar ao topo do estado de conquista e realização da individualidade. O planeta rápido está indo em direção ao lento, não o esquiva nem nega, mas enfrenta-o, sente-o, vive-o, assume-o, como possibilidade ou como dificuldade.

No grau 300 ou 0° de Aquário, forma-se o segundo Sextil, o minguante, que não tem relação com o outro sextil. Este é um aspecto também mental, porém mais profundo, mais criativo, com vôo e capacidade para entrever o novo início. Está orientado para o futuro e a preparação de um novo começo com todas as suas possibilidades. Este é o aspecto dos visionários ou dos inventores, daqueles que podem conectar-se com o porvir e expressá-lo à comunidade, dos que estão sempre alguns passos adiante de seu tempo e que, por isso, podem sentir-se incompreendidos ou falar de coisas que os outros ainda não entendem.

Logo vem a Semiquadratura minguante ou 15° de Aquário. Trata-se de uma crise, porém menor, em que devem ser liberadas as velhas idéias fixas para o processo que está finalizando e para que se converta em realidade o que se entreviu como possibilidade futura.

O Semi-sextil minguante — que corresponde a 0° de Peixes — é claramente diferente do outro. Este deve dissolver, diluir nas águas netunianas o processo completo que o planeta rápido realizou. Este planeta tem incorporado todo o ciclo e está num processo de dissolução para que seja possível um novo início, com uma nova conjunção. Trata-se de um aspecto que não está incumbido de concentrar ou condensar, mas de evaporar; é a última catarse de depuração, no sentido do processo de totalidade.

Isto que desenvolvemos brevemente explica como utilizamos os aspectos. Usamos também o mesmo sistema com um planeta radical e como este planeta está na revolução com relação à sua posição radical. Em outras palavras, isto nos permite ver o trânsito do planeta e a fase em que está quanto à sua posição radical. Pode-se utilizar este método com a Lua, com Marte, com Júpiter e com Saturno; com Vênus e Mercúrio não, porque nunca se afastam demasiado de sua posição radical nem do Sol.

Se Marte na Revolução estiver em quadratura minguante à sua própria posição, estará indicando que há aproximadamente um ano e meio se iniciou uma nova etapa com a conjunção e que se está fechando o ciclo no momento atual, com questionamentos sobre a energia, a vontade, os desejos pessoais, a forma de empreender ou de dirigir a vida individual, a reflexão sobre a energia e os desejos. Este questionamento não só estará em função de Marte, mas também dessa energia na Revolução Solar, em função da consciência e do processo que o Sol realiza.

Deve-se prestar atenção à repetição dos aspectos na Revolução Solar, principalmente se eles mudam de fase no ano com relação ao aspecto radical. Por exemplo: um Mapa Natal tem um aspecto de quadratura em fase crescente de Marte em Escorpião com Saturno em Leão e, no mapa do ano, encontramos Marte em Libra e Saturno em Capricórnio, que também é uma quadratura, mas em fase minguante. A quadratura no mapa radical, por ser crescente, funciona de modo inconsciente. A tendência é brigar, lutar ou defender-se do conflito que Saturno representa, o que, em geral, e até que seja trabalhado conscientemente, está projetado fora, ou seja, a pessoa demora a perceber que Saturno é também uma parte de sua própria interioridade. A pessoa pode viver fugindo, evadindo-se ou confrontando-se com os próprios aspectos saturninos que sente que vêm de fora. A quadratura do ano, por estar em fase minguante, permitiria à pessoa, no transcurso desse ano, refletir e pensar para poder tornar mais consciente seu aspecto radical. O aspecto na fase minguante é de introversão; a pessoa pode meditar sobre os próprios modos de agir ou de reagir, a que estímulos externos reage e por que, os medos e os limites que coloca ao mundo exterior e os limites que sente internamente. O mau humor que pode tornar consciente e mostrá-lo. A agressividade, as diferentes formas de freio ou de se sentir paralisado ou endurecido. Quando o aspecto é minguante, a pessoa o enfrenta com consciência; isto não quer dizer que já o resolveu, mas acontece algo importante, este é um ano em que se pode entender e aprender muito sobre si mesmo.

Na Revolução Solar os orbes dos aspectos são reduzidos, dando-se em geral até 3 graus num aspecto aplicativo ou convergente. Nos divergentes ou separativos, aplica-se esse orbe se o planeta em questão vai retrogradar e voltar a fazer aspecto partil com o outro planeta, durante o ano. Não importa que aspecto seja, sabe-se que os aspectos menores, que já têm um orbe reduzido no radical, utilizam não mais que um grau de orbe no ano.

Os aspectos partis são os mais fortes e contundentes do ano; eles manifestam as áreas concretas e específicas de trabalho e conscientização.

Os aspectos divergentes ou separativos indicam que os temas envolvidos foram vividos ou trabalhados na Revolução anterior, ou que foram acontecimentos anteriores ao dia do aniversário. Os aspectos convergentes ou aplicativos indicam que essas áreas ou zonas e temas são algo que a consciência atrairá durante o ano em curso. O aspecto partil é algo que se está vivenciando ou experimentando no mesmo momento do aniversário.

DETERMINAÇÃO – LIVRE-ARBÍTRIO – DESTINO

Este é um tema polêmico e crucial dentro da Astrologia. Durante séculos debateu-se se o destino de uma pessoa está marcado, indicado, escrito, ou se a pessoa é livre para escolher suas próprias condições ou circunstâncias de vida.

O que é o destino?

Liz Greene diz a respeito, em *A Astrologia do Destino*:

"Pelo que tenho observado nos meus pacientes e clientes astrológicos, não há dúvida de que existe algo — quer o chamemos de destino, Providência, lei natural, karma ou inconsciente — que se vinga quando suas fronteiras são transgredidas ou quando não encontra respeito ou empenho na relação, e que parece conter uma espécie de "conhecimento absoluto", não só sobre o que a pessoa precisa, mas ainda sobre o que ela irá precisar para seu desenvolvimento na vida... Não tenho a pretensão de saber o que "ele" é, mas estou francamente disposta a chamá-lo de destino...

Não tenho nenhuma resposta ao problema básico de saber se somos predestinados ou livres. Sinto-me inclinada, quando defrontada com uma questão tão ampla assim, a responder vagamente: ambos..."

O Mapa Natal é o mapa de rota individual que o ser que nasce deverá seguir. Nele estão contidas todas as possibilidades que a pessoa traz consigo no momento de sua manifestação no plano material, seu roteiro, seu débito e seu crédito — termos usados aqui no sentido de superávit utilizável ou disponível —, o compreendido, o que flui com mais facilidade e aquilo que vai consumir mais tempo de trabalho interior, que o levará a se perguntar sobre que tipo de aprendizagem está em jogo. Como esta representa a dificuldade, expressa algo novo e desconhecido, o que se tem que aprender. Essa tarefa interior traz a possibilidade de mudança, de crescimento, de evolução pela incorporação de novos conteúdos e do reconhecimento das condutas e hábitos inconscientes que levam tempo para ser conscientizados.

Em outras palavras, o Mapa Natal não é só o mapa do ser, ou pelo menos de um plano ou de parte dele, mas também do acontecer no momento do nascimento, indicado pelas condições externas no social, no cultural, no econômico, etc. Ou seja, a "IDÉIA" que imperava naquele instante e que indica como essas situações sociais ou familiares condicionaram o ser nascente.

Tudo o que será o desenrolar da vida humana está contido e condensado no instante do nascimento. Nada do que aconteça numa vida está fora do radical ou Mapa Natal; toda a vida humana está determinada: qualquer coisa, evento, circunstância que nasce ou se inicia num determinado momento, leva implícito em si mesmo o seu fim.

O astrólogo pode fazer uma lista de cada um dos momentos dos trânsitos ou progressões que a pessoa vai viver ao longo de sua vida. Ou seja, isto já está determinado, mas o modo como escolherá viver o que terá de viver é um tema diferente: isto é o livre-arbítrio. Esse livre-arbítrio é a capacidade que cada indivíduo tem para escolher, decidir e responder ao acontecimento pessoal; isso vai depender da capacidade de refletir, de perceber, de agir voluntariamente e da liberdade interior conquistada. Arbítrio é sinônimo de liberdade. Quanto mais consciente, maior é a liberdade de escolha e também maior é a responsabilidade, já que, quando se escolhe conscientemente, é o próprio ser que o faz e não algum mecanismo ou automatismo inconsciente. Faz-se necessário repetir que o ser humano é como um *iceberg*: a parte que sobressai e é visível (consciente) certamente é muito menor que a parte submersa (inconsciente). De acordo com o esoterismo, o grau de despertar conquistado é o que dá a liberdade. Por exemplo: uma pessoa que tem uma quadratura entre Vênus e Plutão no radical repetirá inconscientemente esse conflito entre essas duas partes de si mesmo em suas relações com o outro, sem poder reconhecer ou registrar que o que lhe acontece no mundo exterior é uma réplica do seu mundo interior. Despertar seria reconhecer e introjetar a parte depositada fora e assumi-la como própria. A partir desse trabalho, a pessoa pode começar a manipular esse aspecto, em lugar de ser manipulado por ele e, dessa forma, exercer sua liberdade.

Os termos conhecidos são os extremos "nascer" e "morrer"; nós achamos que o "durante", o transcorrer, o que se faz entre esses dois extremos é o importante. O Ser deve saber do seu Si mesmo nesse percurso; não é a mesma coisa saber, estar alertado, avisado do que acontece ou do devir individual, e não sabê-lo. O saber instrumenta o ser para que possa enfrentar-se ou enfrentar conscientemente a vida interior e exterior; saber é poder. Quem sabe de si tem poder sobre si mesmo e sobre suas circunstâncias, e até pode desenvolver a aceitação do que sabe que pode e do que não pode: isso outorga ao indivíduo a sua força.

O que interessa é a maneira como decidimos viver as energias que estão em jogo — isso implica o livre-arbítrio — nos diferentes momentos da vida e ter a possibilidade de descrevê-los. Os profissionais dessa ciência dizem, por exemplo, que no caso de um trânsito de Saturno não se pode decidir não vivê-lo: o trânsito existe, é uma realidade. O que fazemos com essa realidade é outro tema. Esse trânsito pode ser utilizado para crescer, para amadurecer, para adquirir mais sabedoria, mais bom senso, para superar algum entrave ou obstáculo. A pessoa deverá aprender a adaptar-se ativamente às diversas situações do acontecer externo. Como isso pode servir para criar ou recriar novas modalidades de resposta, rompendo as velhas e estereotipadas atitudes ou modelos? Muitas vezes a pessoa não pode criar novas pautas, por causa dos condicionamentos e atitudes que por muito tempo vinha adotando e repetindo, ou seja, por encontrar-se enclausurado no morto, no codificado, no cristalizado. Como conseqüência, ela provoca suas próprias circunstâncias adversas. Algumas dessas condutas inconscientes são: "o mundo está contra mim", "tenho azar", "tudo acontece comigo", "alguém me fez um trabalho", "tudo dá errado comigo", "não vou poder...", "eu quero, mas lá fora está tudo mal, tudo difícil". Se souber que tem um trânsito de Saturno, dirá: "Saturno é o culpado", "tenho que esperar que isso passe"... Essas são algumas das expressões sobre a não-utilização consciente de sua energia, e isso é devido à incompreensão de que lá fora só está o que cada um coloca. Ou seja, as energias planetárias expressam áreas da consciência individual; não estão fora, estão dentro do próprio indivíduo, são suas partes constituintes. A vida nos coloca diante de desafios: deixar o conhecido, o seguro, é um dos maiores. Para poder realizar isso, talvez primeiro devêssemos reconhecer onde está o mecânico, como opera, quando e em que circunstâncias. É um trabalho lento, que tem como prêmio a liberdade.

Há pessoas que rejeitam essa técnica da Revolução Solar por considerá-la previsível. A previsão não tem motivo para ser determinista ou fatalista. Elas confundem previsão e determinação, o que conduz a dizer que "tal astrólogo é muito preditor". Acreditamos que o que se deveria comentar é se ele é determinista. Os astrólogos deterministas são categóricos, não dão opção, fixam datas e determinam acontecimentos; não vêem a possibilidade de manipular as energias, não dão margem para que a pessoa entenda o que está acontecendo e veja como pode utilizar esse momento para o seu crescimento. Devemos reconsiderar esses dois termos. De um extremo a outro vemos aqueles que interpretam determinando: "Em tal dia e tal hora vai acontecer isto", e também aqueles que só descrevem energias, como se o caminho a transitar não estivesse marcado com determinados sinais. Eles esquecem que a matéria é o meio através do qual a transcendência se expressa, e que a vida, com seus acontecimentos concretos, é parte do que o ser é. A interpretação de qualquer Mapa, seja natal, anual, etc., não é algo estático ou tranqüilo, mas tem movimento e uma dinâmica de relações e interconexões; dinâmica que ajuda a compreender que não há nada isolado ou desconectado, tanto no interior quanto no exterior, tanto dentro quanto fora, e vice-versa.

Consideramos, então, que existe tanto o livre-arbítrio como a determinação, incluindo um destino em forma de IDÉIA, que dirige a vida da pessoa, sendo esta aquela parte do Um que sabe da totalidade e vê o processo em sua totalidade, como testemunha de si mesma.

Na nossa concepção, a determinação e o livre-arbítrio integram um dos pares de opostos ou pólos complementares; a negação de um dos pólos ou extremos pela afirmação do outro só faz afirmar o pólo negado ou reprimido. Creio que é tão tolo dizer que o único que existe na vida é a determinação, como dizer que a única realidade é que a pessoa é dona do seu próprio destino, que escolhe livremente. A partir dessa postura, alguns dizem: "Se não é livre, é porque não quer." A negação ou rejeição de algum princípio polar é a forma mais segura de viver o pólo ou princípio negado; afirmar somente a própria bondade é a forma mais segura de atrair a crueldade de fora. A resolução do conflito está no SER, na unidade, no imutável, no centro do Mapa Natal; por isso dizemos que a oposição como aspecto tem a chave: aí é onde o sujeito enfrenta os dois pólos. Afirmar um EU é automaticamente a afirmação do TU ou do NÓS. O esoterismo ensina e orienta em direção ao TODO, ou seja, em direção à UNIDADE com TUDO O QUE VIVE.

Como descreve o seguinte poema:

"Como jogam e interagem ambas as certezas;
Liberdade (livre-arbítrio) e destino.
Como sou livre, "dono do meu destino",
responsável pela minha felicidade e salvação,
e predestinado. Qual é o ponto de
inflexão, a chave, o cruzamento de ambas as coordenadas.
O coração da pessoa, centro gravitacional
do Ser existência, enclave amoroso
e transcendente, é o místico lugar onde
se revela e age o mistério da vida.
O Sol do microcosmos do homem,
centro do universo estelar imanente.
O Alfa e o Ômega de sua originalidade
eterna. Centro da pessoa e motor
de sua mudança."

— E. Linares

DESLOCAÇÃO

"Um galo é o amigo da ave Garuda; estando
um dia ambos pousados numa árvore um ao lado
do outro, viram o Deus da Morte que se
aproximava, mas estourava de rir
ao ver o galo. Suspeitando algo estranho, o
imortal Garuda, desejoso de salvar seu amigo,
o conduz para longe daquele lugar, sobre a
montanha Sumerugiri, para escondê-lo
numa caverna. E logo volta ao lugar de onde
havia partido. Ao ver novamente Garuda, a
Morte torna a rir. Pressionada para que se explique,
ela diz: 'Foi enviado um anjo da
morte, sob a forma de um gato,
para matar o galo numa caverna de Sumeru. Vendo o
galo aqui, ao teu lado, não pude evitar o riso
pensando na impossibilidade de encontrar o
galo na caverna em questão, a milhares de
léguas daqui. Então, foste tu mesmo que,
com a intenção de salvar teu amigo, o
conduziste ao único lugar onde a morte podia
agarrá-lo.' De fato, ao voltar à caverna,
Garuda encontra seu amigo morto pelas
garras de um gato."

— Velho texto hindu

Dentro do amplo espectro de técnicas que a Astrologia possui, está a Deslocação. Trata-se de um sistema que nos permite ver como se modifica, ou seja, como muda o mapa de uma pessoa quando ela passa a viver fora do lugar de nascimento. A deslocação consiste em se perguntar o que acontece em determinado lugar quando a pessoa está nascendo em outro lugar. A mudança de que falamos é a dos planetas nas casas, não nos signos; só as cúspides das casas do mapa radical se deslocam para outros signos. Sabemos que as casas são as divisões espaço-temporais que estão determinadas pelas coordenadas geográficas de cada lugar. Deve ser do conhecimento geral que pessoas que se estabeleceram em outros países tiveram melhor sorte que no seu lugar de nascimento, devido à mudança do seu Mapa Natal para esse outro lugar.

Por outro lado, há pessoas que sofreram reveses na vida que não ocorreriam no lugar onde haviam nascido. Certamente, isso não é magia ou algo parecido. Há mudanças que podem ser muito proveitosas e favoráveis para o crescimento e o desenvolvimento de uma pessoa, e outras que atuam desfavoravelmente. Isso é devido a como e onde se localizam os planetas no mapa deslocado e a disposição nele do mapa natal. É preciso também compreender que, quando uma pessoa vai viver em outro lugar, leva o seu próprio mapa, do qual não vai desprender-se porque é a sua raiz. O que vai ocorrer é que essa raiz vai registrar-se e viver de modo diferente, em outros ambientes (casas). Não devemos esquecer que num Mapa Natal há muito de sombra ou de tendências inconscientes e pode acontecer — como temos constatado — que, muitas vezes, as pessoas que foram viver em outro lugar enfrentaram traços, condutas e partes de si mesmas que ainda estavam na sombra ou no inconsciente, no lugar de origem. Talvez fossem partes que ainda estavam sendo vividas por outros, e o novo lugar habilite a pessoa a desenvolver, registrar e viver conscientemente esses traços.

Podem perguntar-nos o porquê de incluirmos este tema na Revolução Solar. Achamos que é preciso deslocar o Mapa Natal ou mapa raiz de uma pessoa quando ela vive em outro lugar, e fazer a sobreposição da Revolução Solar desse local com o mapa deslocado, mesmo quando a pessoa faz aniversário num lugar onde não está vivendo.

Há um tema muito usado por alguns profissionais desta ciência que consiste em sugerir ao consulente que passe seu aniversário em algum lugar longe de onde reside, para evitar um "mau ano ou ano perigoso". Essa proposta faz com que a pessoa viaje expressamente para um determinado lugar somente para passar o aniversário, retornando logo a seu lugar de residência.

A Revolução Solar é levantada para esse local — evidentemente de coordenadas diferentes — e sobreposta ao tema natal. Isso invalida a teoria e a técnica da Revolução Solar. Se efetuássemos o levantamento de todas as revoluções solares no percurso de uma vida, mais ou menos setenta, comprovaríamos como o Sol segue um ciclo determinado, como os Ascendentes, e, em conseqüência, toda a domificação vai-se sucedendo com uma simetria e harmonia que determinado tema radical vai desdobrando ou o que o Sol, especificamente, necessita para o seu crescimento e desenvolvimento. Se a Revolução Solar for levantada para outro local e sobreposta ao Mapa Natal não deslocado, também invalida a técnica, pois os Ascendentes se sucedem de quadrante em quadrante ano após ano. É contraditório pensar que uma pessoa, ao longo de sua vida, vai viver no seu lugar de residência — que tem determinadas coordenadas — situações concretas que se fixaram em outra divisão espaço-temporal. Isso não tem sentido, pois sabemos que as casas e os planetas presentes nelas são as áreas específicas para determinado lugar e não para outro. Entendemos que, se uma pessoa viaja a Pequim para passar o aniversário, esse mapa onde os planetas caem em determinadas casas só terá sentido e significado para Pequim. Por que a pessoa iria viver aqui o que se fixou ali? Se a pessoa está vivendo, mesmo temporariamente, em outro lugar, é preciso levantar a Revolução Solar para esse lugar, e nosso conceito é o de que é preciso deslocar o mapa radical para esse lugar também.

Há casos de pessoas que foram aconselhadas a passar o aniversário longe do seu lugar de residência, sem a devida verificação de como se modificava o seu Mapa Natal para esse lugar. Se a deslocação tivesse sido feita, a pessoa não seria enviada a esse lugar, pois, por exemplo, o Ascendente radical para ele cairia em conjunção com o seu Saturno radical, que tinha aspectos demasiado críticos. Nenhuma Revolução Solar pode ser boa se a pessoa basicamente não vai se sentir bem nesse lugar.

Consideramos que, para passar o aniversário em outro lugar, deve-se deslocar o Mapa Natal e estudá-lo para ver como a pessoa se sentirá ali. Como dissemos anteriormente, a mudança do lugar de residência pode favorecer ou não o desenvolvimento ou desdobramento do potencial de um mapa.

Resumindo: quando uma pessoa vai viver ou passar o aniversário longe do lugar de origem, o que se faz é levantar o mapa do ano sobre a base do novo mapa radical deslocado.

Como não é possível trapacear com o destino — tanto o próprio como o alheio — não podemos ser tão auto-suficientes e poderosos a ponto de pretender mudar o destino de nossos consulentes, quando nem mesmo podemos mudar o nosso. Por menos que tenhamos trabalhado, não podemos deixar de ver o quanto é difícil mudar, embora não seja impossível. Eu penso que aquilo que está indicado para ser vivido (dever associado à necessidade kármica), vamos vivê-lo de qualquer modo.

Geralmente, quando se aconselha alguém a passar o aniversário fora de seu lugar de residência, é porque há alguns ou muitos planetas na casa 12 ou 8 do ano. Para mudar os planetas de uma casa, a pessoa deve viajar para longe o suficiente, coisa que nem todos podem fazer.

Creio que isso dá margem para que a Astrologia continue sendo vista como algo exótico ou esnobe, próprio de mentes delirantes.

A Astrologia é um instrumento que nos proporciona ferramentas valiosíssimas para o processo de autoconhecimento e de crescimento individual. Pela sua precisão e rapidez, é a melhor aliada para sondagem e diagnóstico tanto médico quanto psicológico.

Para deslocar um mapa radical para um novo país, trabalha-se com a HORA GREENWICH ou GMT de nascimento. Como se sabe, a GMT de nascimento é a hora que trouxe a unificação do tempo ao planeta, independentemente das horas locais de cada país. Exemplo: uma pessoa nasce em Buenos Aires, no dia 3 de dezembro de 1981, às 20 horas. Calculamos sua GMT, que é 23 horas, sabendo a diferença de tempo da Argentina a Greenwich (3 horas). Neste ponto, pergunta-se como era a domificação ou como estava a divisão espaço-temporal em Paris, quando nascia a pessoa na Argentina. Paris tem a mesma GMT, diferente hora local e coordenadas próprias, o que dá outra domificação, apesar de as posições planetárias nos signos serem idênticas. Se a pessoa for viver em Paris, levanta-se o Mapa Natal como se ela tivesse nascido em Paris, ou seja, 3 de dezembro de 1981 às 23 horas GMT.

Quando alguém passa a viver a leste do lugar de nascimento, os setores se deslocam para baixo, ou seja, no sentido oposto aos ponteiros do relógio. O Meio do Céu radical se desloca em graus a mesma distância que há entre o meridiano de nascimento e o meridiano do novo lugar de residência para onde se quer deslocar o mapa.

Quando uma pessoa passa a viver a oeste do lugar de nascimento, os setores do mapa deslocado se deslocam para cima no radical — ou seja, no sentido horário — e o Meio do Céu do mapa deslocado terá com o Meio do Céu radical a mesma distância que existe entre o meridiano de nascimento e o meridiano do novo lugar de residência.

SETORES E DOMIFICAÇÃO

Se as revoluções solares forem levantadas para o mesmo lugar de nascimento ou para o novo lugar de residência, mas com o correspondente deslocamento, verifica-se que os Ascendentes anuais se sucedem com regularidade e harmonia em relação à totalidade do processo da vida humana.

No transcurso de seu ciclo de 33 anos, o Sol realiza no Mapa Natal um percurso específico e concreto.

O mapa radical é, simultaneamente, a revolução dos primeiros doze meses de vida. A partir dele, até a revolução dos 32 anos, cumpre-se o primeiro ciclo do Sol.

A partir dos 33 anos, inicia-se um novo ciclo solar que chegará até os 65 anos inclusive, dando por terminado o seu segundo ciclo, para começar o terceiro período a partir dos 66 anos.

Como o Sol é da natureza de Fogo, está composto pelos princípios elementais de Quente e Seco, com maior proporção do primeiro. Se aplicarmos a essas três etapas do Sol a relação com os três signos de Fogo, dizemos que a primeira etapa é a fase Ariana do Sol, na qual a pessoa iniciará, impulsionará e se conhecerá pelas suas ações, ou seja, é o momento de afirmação do eu através do seu fazer. A segunda será assentar, estabelecer e consolidar essa base da consciência egóica, a afirmação da identidade, aprendendo ou não a diferenciar o egóico — o ego — da individualidade, ou seja, ter um horizonte mais amplo que o reduzido horizonte do pequeno eu. Afirma-se o ego ou afirma-se a identidade, possibilitando caminhos distintos no futuro. O terceiro ciclo solar indicará a etapa de vida na qual se poderia filosofar, ter uma visão completa da vida, de acordo com o próprio caminho percorrido, encontrar a verdade e compreender que é preciso uni-la com as outras visões de verdade dos outros. Esse é o ciclo de encontro com a sabedoria profunda.

Repete-se a mesma série de Ascendentes da primeira etapa a partir de cada início, com um leve deslocamento em graus. A única possibilidade de não cair no mesmo signo é, por exemplo, um Ascendente da primeira fase, que estava a 28 graus de Aquário, e que seguramente vai cair nos primeiros graus de Peixes na nova etapa.

Logicamente, estamos descrevendo como se faz a divisão em setores, e essa igualdade ocorre somente em relação a eles, pois os planetas das sucessivas revoluções solares estarão localizados em lugares diferentes devido ao tempo específico de rotação de cada um deles. São exceções Mercúrio e Vênus, que vão descrevendo, cada um, o seu próprio ciclo dentro das revoluções solares. Vênus não cai em qualquer grau, pois realiza o seu ciclo de oito anos. No nono, volta a repetir, com um grau de diferença, a posição que tinha no radical. Dentro desse período, Vênus cai sistematicamente em determinados signos e graus, que voltarão a repetir-se a partir do nono ano.

Por exemplo, o meu Vênus de nascimento encontra-se a 24° 55' de Escorpião. O ciclo que seguiu nos meus primeiros oito anos (incluindo o de nascimento) e que logo se repetiu, foi o seguinte: 15° de Escorpião, 2° de Capricórnio, 7° de Escorpião, 25° de Capricórnio, 14° de Sagitário, 23° de Libra, 19° de Capricórnio; no nono ano começou outro ciclo, com Vênus a 25° de Escorpião.

Com Mercúrio acontece a mesma coisa, mas seu ciclo é de treze anos.

Voltando ao início deste tema, digo que o Ascendente do ano não cai em qualquer lugar, mas que especifica concretamente as áreas que a pessoa precisa mais.

Sempre se diz que o Ser não vai viver o que não estiver indicado no mapa do momento do seu nascimento; e, assim como nesse mapa está condensado todo o seu porvir, também o mapa do ano contém o acontecer do mesmo e sua relação com o radical.

ETAPAS OU FASES

PRIMEIRA		SEGUNDA		TERCEIRA
RADICAL	=	33	=	66
1	=	34	=	67
2	=	35	=	68
3	=	36	=	69
4	=	37	=	70
5	=	38	=	71
6	=	39	=	72
7	=	40	=	73
8	=	41	=	74
9	=	42	=	75
10	=	43	=	76
11	=	44	=	77
12	=	45	=	78
13	=	46	=	79
14	=	47	=	80
15	=	48	=	81
16	=	49	=	82
17	=	50	=	83
18	=	51	=	84
19	=	52	=	85
20	=	53	=	86
21	=	54	=	87
22	=	55	=	88
23	=	56	=	89
24	=	57	=	90
25	=	58	=	91
26	=	59	=	92
27	=	60	=	93
28	=	61	=	94
29	=	62	=	95
30	=	63	=	96
31	=	64	=	97
32	=	65	=	98

PERÍODOS NA REVOLUÇÃO SOLAR

Os períodos são dados, na técnica de Revolução Solar, não para predizer em que dia ou hora acontecerá algo, mas para que a pessoa possa manipular e ser consciente de suas próprias energias, senti-las e utilizá-las da maneira mais consciente possível. Os momentos tensos são indicados para que a pessoa possa registrar como está lidando com a energia, como uma modalidade inconsciente pode disparar ou o que fazer para evitar o envolvimento negativo com alguma situação externa, o que aprender dela e que parte do seu ser está envolvida.

Há várias formas de determinar períodos:

A) TRÂNSITO DO SOL

O percurso do Sol em trânsito pelos diferentes setores do ano e a sobreposição de cada um deles com o Mapa Natal, ou seja, quando o Sol passa de um setor a outro e quando forma aspecto com os planetas tanto anuais quanto radicais. É importante ter sempre presente a significação do Sol tanto pelas suas regências (cúspides em Leão), quanto por suas presenças (digo isso no plural porque estamos falando de dois mapas). Como o Sol é o consciente e sua função é iluminar, seu percurso pelas diferentes casas operará como um refletor que vai varrendo com seu movimento todas as áreas existentes para que a pessoa as integre conscientemente em sua vida. O Sol percorre todos os anos o Mapa Natal dentro dos mesmos tempos; isso é sempre igual. Todos os anos e em tempos iguais conecta-se e interage com os planetas do mapa radical. O outro plano que muda todos os anos é o percurso que ele realiza pelas casas anuais. Seu trânsito é interpretado analisando-se a sobreposição dos dois mapas. Os períodos serão 12, pois interpreta-se o trânsito do Sol fazendo seu ingresso em cada uma das casas anuais.

B) PROGRESSÃO DO ASCENDENTE. Esta forma tem duas variantes: direta e conversa.

1 — Progressão Direta

Esta é a forma mais comum de dar os diferentes momentos na interpretação da Revolução Solar. Em geral, está relacionada com os tempos e os períodos em que a pessoa tem a possibilidade de manipular conscientemente, de perceber, de operar com sua vontade sobre eles. Na interpretação, mostra-se entre que dias o Ascendente em seu movimento direto chega às diferentes cúspides do ano, às cúspides do radical sobreposto e nos momentos em que chegue por conjunção — ou por qualquer outro aspecto — aos planetas radicais ou anuais. Deduzimos os temas que se desenrolam em cada momento pelo significado da sobreposição de casas e pelo signo por onde ele vai passando. Então vemos o seu dispositor e os planetas em jogo para o momento. Contam-se os períodos a partir do Ascendente que corresponde ao dia do aniversário. O movimento por diretas consiste em mover o Ascendente no sentido inverso dos ponteiros do relógio, ou seja, no sentido do movimento dos planetas pelos signos do zodíaco. Os primeiros 30 graus correspondem ao primeiro mês, os segundos 30 graus ao segundo mês, e assim por diante. Se o Ascendente cai no grau 15 de Câncer, e isso acontece no dia primeiro de dezembro, o grau 15 de Leão será o dia primei-

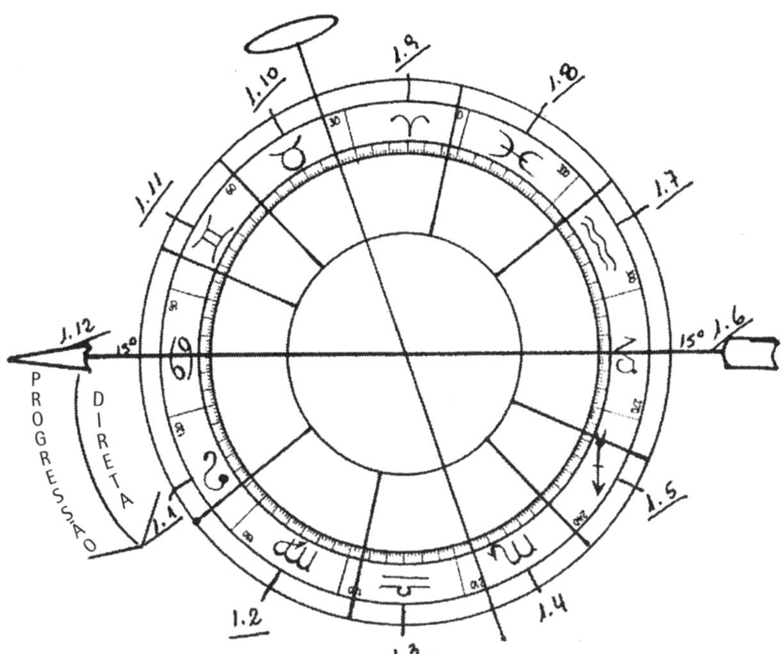

ro de janeiro, o grau 15 de Virgem será o dia primeiro de fevereiro e assim sucessivamente, até dar a volta ao zodíaco e voltar ao Ascendente, que corresponderá aos dias anteriores do próximo aniversário. Trinta graus correspondem aproximadamente a 30 dias. Sabemos que isso não é tão exato, porque o zodíaco tem 360 graus e o ano tem 365 dias; mas, como a modalidade não é acertar especificamente o dia ou os acontecimentos, a pequena diferença não é levada em conta. Só descrevemos os momentos e as energias em jogo em cada um deles e com que temas concretos estarão relacionados. Interpreta-se, geralmente, entre que dias podem estar mais ativos os diferentes temas propostos pelo ano pessoal.

Tudo o que seja marcha direta em Astrologia é um movimento consciente, o que a pessoa pode manipular, onde a vontade individual pode operar.

2 — Progressão Conversa

A progressão conversa ou movimento indireto está relacionada com o interior, o inconsciente, onde a vontade pessoal não opera, pelo menos conscientemente. Essa progressão está mais relacionada com o que nos chega de fora, com o que se produz, independentemente do desejo ou do querer individual consciente, mas que, sem dúvida, tem a ver com expressões ainda inconscientes de si mesmo. Se a pessoa está atenta ao seu processo interior, ou seja, se es-

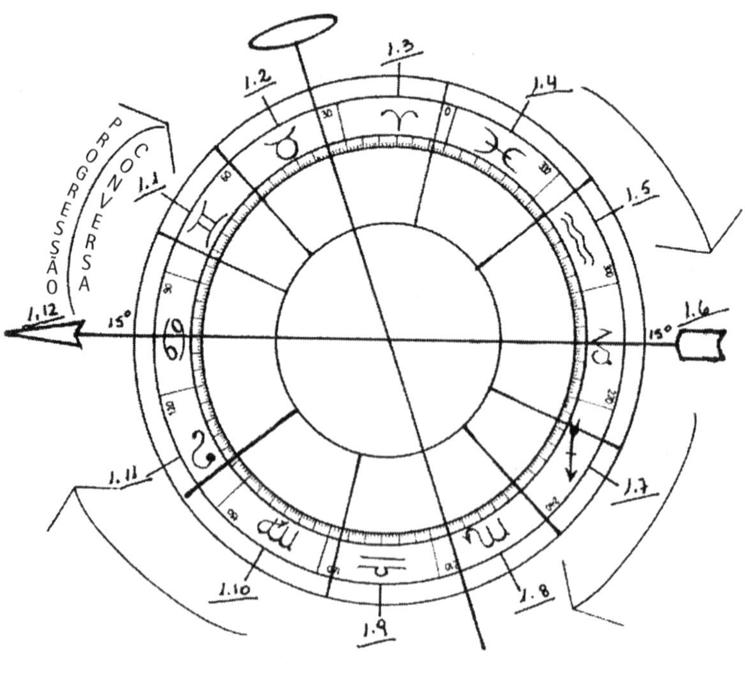

tá olhando e também ouvindo sua interioridade, poderá comprovar o que acontece internamente ou aquilo que se elabora ou processa. Se a pessoa está desatenta, é possível que não perceba, e viva, então, situações externas que mobilizem ou comovam, possibilitando a consciência.

Por algum motivo inexplicável, há anos em que as situações, os períodos e as circunstâncias são dados mais por progressão conversa que por direta. São anos nos quais pareceria que a vontade individual não opera, anos que costumamos chamar de anos kármicos.

Cada vez que o Ascendente se desloca pelos aspectos de fricção do ano, nos períodos dados por conversas, seus efeitos e a vivência deles costumam ser mais fortes que quando ele passa por diretas. Isto se dá porque a conversa está relacionada com o interno.

Outra forma de comprovar a eficácia da progressão conversa é ver quando o Ascendente se desloca pelos setores 8 e 12 do radical que estão sobrepostos a algum setor do ano. O mesmo vale para quando o Ascendente passa pelo setor 8 do ano; isto sempre acontece primeiro por conversa e depois por direta. Verifica-se, na progressão conversa, que há uma elaboração ou vivência interna, muitas vezes intensa, daquilo que está em mudança durante o ano. A mudança se produzirá concretamente na direta.

Os períodos por este sistema se contam para trás, ou seja, no sentido inverso ao movimento dos planetas e dos signos do zodíaco, que é no sentido dos ponteiros do relógio. Os períodos também se contam a partir do Ascendente que corresponde ao dia do aniversário. No exemplo anterior, como o Ascendente está a 15° de Câncer para primeiro de dezembro, primeiro de janeiro vai corresponder a 15° de Gêmeos, primeiro de fevereiro a 15° de Touro e assim sucessivamente, dando a volta ao zodíaco para trás.

C) PROGRESSÃO SIMBÓLICA

Este é outro modo de determinar períodos. Não são períodos completos, como os anteriores, mas, através deles, podem-se ver momentos importantes dentro do ano.

A tábua de conversão de graus de acordo com o tempo é a seguinte:

1 grau = 1 ano

5 minutos = 1 mês

1 minuto = 6 dias

Como se pode observar, com este sistema só serão aplicáveis os aspectos com ângulos inferiores a 1 grau de órbita, entre planetas do ano ou entre os do ano e os do radical. Um grau corresponde a um ano, e isto é o que dura uma revolução. Esse sistema é aplicável nos aspectos partis de até 59 minutos de arco de diferença.

Exemplo: Marte radical está a 24° 28' de Libra, em conjunção com a Lua do ano, a 23° 40' de Libra. A distância angular entre eles é de 48' de arco que, transformados em tempo com a tabela anterior, nos dá:

45' = 8 meses

3' = 18 dias

Oito meses e 18 dias depois do aniversário serão vividas situações relacionadas com a conjunção Marte-Lua. Para interpretar o aspecto, deve-se observar a regência de ambos os planetas nos dois mapas, no setor radical e anual onde se produz, e a energia básica de cada um deles. Esse aspecto marca possivelmente o início de uma nova etapa (conjunção) com fortes desejos e intensidade emocional. A pessoa terá condutas reativas, impulsivas ou instintivas no relacionamento com outras pessoas, tensões familiares com filhos, com a mãe ou a maternidade, etc.

D) MÉTODO DE GRAUS = MESES

Esta é outra forma rápida e de fácil observação. Contam-se os graus que separam um planeta de outro da Revolução Solar, ou entre os planetas do ano e os do mapa radical, como também entre os planetas do ano e as cúspides. Transformam-se os graus em meses, e só terão validade as distâncias menores que 12 graus.

Se entre qualquer das situações antes mencionadas há uma distância de 5°, esta equivale a 5 meses.

Por exemplo: a Lua do ano está a 16° de Leão, a cúspide da casa 8 do ano está em conjunção com Plutão radical a 20° de Leão. A partir daí, pode-se dizer que, no quarto mês depois do aniversário, a Lua estará tanto em conjunção com Plutão como com a cúspide da casa 8. Isto nos indicaria um momento dentro do ano de grandes mudanças e de certa comoção emocional na vida da pessoa. Essa mudança pode estar relacionada com o parceiro ou o segundo filho — a Lua está presente no final da casa 7 — com situações familiares, a mãe, a maternidade ou alguma situação que será transcendente, ou temas relacionados com a saúde ou o trabalho. Temos de compreender que esta é uma interpretação apenas para explicar o método, pois teríamos que incluir a significação da casa radical sobreposta à oitava anual e a regência radical de Plutão.

Este modo complementa os trânsitos do Sol e a progressão do Ascendente. Queremos dizer que, embora saibamos que no quarto mês encontramos esse acontecimento, teremos que verificá-lo e confirmá-lo com o que acontece simultaneamente com os outros sistemas mencionados acima. Inclusive, muitas vezes há varias distâncias coincidentes, ou seja, podemos encontrar três ou quatro posições com a mesma distância.

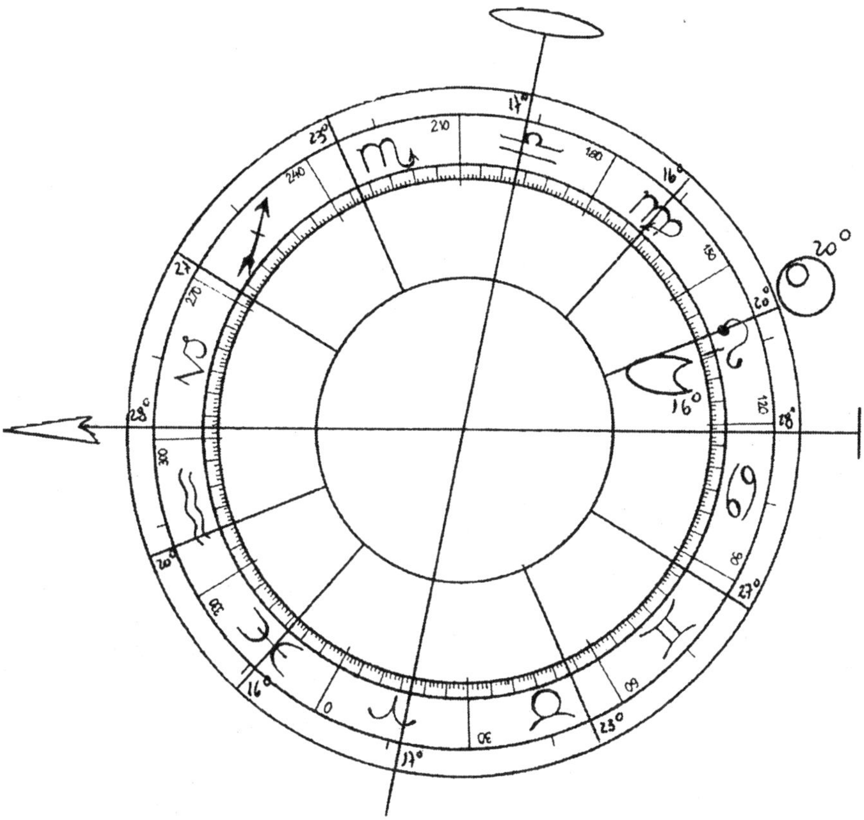

As formas de determinar períodos por progressão simbólica ou pela conversão de graus em meses são para determinar com precisão algum momento especial do ano: tensão, mal-estar, problemas ou possibilidades que pode haver num determinado momento. A partir daí, é necessário checar esses momentos com a progressão do Ascendente vista por progressão direta e conversa, com o trânsito do Sol e com os trânsitos dos planetas para este momento, a fim de confirmar o que encontramos por esses métodos.

OS SIGNOS ASCENDENTES

Antes de começar com a descrição dos signos Ascendentes do ano, achamos necessário explicar como os interpretamos.

O Ascendente indica as tendências pessoais do ano, a forma pela qual a pessoa tende a expressar-se ou a viver este ciclo que se inicia, de acordo com as características dadas pelo signo que caia na cúspide de sua casa 1. Denomina-se governante do tema o seu planeta regente, que dará a saída individual no ano. A pessoa orientará e polarizará sua atenção em direção ao lugar físico onde se encontram o seu ou os seus governantes de tema. Esse lugar físico, ou seja, sua presença, trará dados mais amplos sobre a pessoa e seu ano pessoal. O governante do tema é interpretado não só pelo setor onde está presente, mas também pelo signo e aspectos que tenha no ano. O Ascendente estará sobreposto a uma casa ou setor do mapa radical, o que significa que o sujeito está com sua atenção voltada para esses temas concretos expressos pelo mapa radical que se sobrepõe ao Ascendente do ano. O governante do tema é também o regente natural dessa casa radical; deve-se ver, então, de onde vem no Mapa Natal, de que signo e com que aspectos, e também que aspectos faz o governante com sua posição no radical.

Regra: Um planeta leva à sua presença os temas de sua regência no ano e os de sua regência no radical, assim como os de sua presença no radical.

Outro ponto que nos parece importante é quando o signo que cai no Ascendente anual tem analogia sempre com determinada casa, ou seja, se o Ascendente for Virgem, este signo terá analogia com a casa 6; se for Sagitário, terá analogia com casa 9. É preciso prestar atenção à casa que tem analogia com o signo Ascendente, e, para ver o que acontece nessa casa, deve-se observar a casa radical e a casa anual relacionada com esse signo. Exemplo: Ascendente anual em Escorpião: devemos observar onde cai a casa 8 radical e o que acontece com a

8 anual. Isto é, ver os regentes, os aspectos e os planetas presentes nessas casas, para ampliar e entender o significado do Ascendente anual.

Outro ponto é o seguinte: os signos de Escorpião, Aquário e Peixes são interpretados com seus antigos regentes, porque vemos que esses planetas continuam atuando sobre eles, porque temos a possibilidade de ver seus ciclos e porque estão associados com temas relacionados com o devir concreto no cotidiano. Os verdadeiros regentes, que são Plutão, Urano e Netuno, relacionam-se com estados e situações transcendentes, transpessoais e do inconsciente coletivo. É claro que também os incluímos no ano, mas em segundo plano.

O último ponto que nos parece interessante interpretar é que há signos que no hemisfério sul podem ocupar a cúspide das casas 12 e 1 do ano; isto se inverte para o hemisfério norte, nos signos exatamente opostos. Em síntese, os signos que ocupam essa dupla cúspide no sul não o fazem no norte, assim como os do norte não o fazem no sul. Nos anos em que a cúspide da casa 12 e do Ascendente anual caem no mesmo signo, parece-nos importante prestar atenção, pois isso fará com que as características dadas por ele aflorarão em muitos casos de forma inconsciente. São os anos em que a pessoa estará voltada para si mesma, retraindo-se, anos nos quais necessitará rever suas condutas, principalmente se a essa domificação se incluir a interceptação de outro signo dentro da casa 1 do ano. Observamos que, se uma pessoa negar ou resistir às suas tendências inconscientes dadas pela casa 12 — tanto do radical quanto do anual — , ela tende a polarizar-se no signo oposto, ou seja, o signo que ocupa a cúspide da casa 6, tanto radical quanto anual.

Por último, quero acrescentar que as descrições que se seguem são apenas uma visão geral de cada signo, estando longe de representar a totalidade de suas características.

ASCENDENTE ANUAL EM ÁRIES, MARTE REGENTE DO TEMA

É preciso ver, primeiro, a posição de Marte no mapa do ano, seus aspectos e onde está presente no radical. Deve-se também prestar atenção à casa 1 do radical, já que o Ascendente em Áries sempre tem relação com a casa 1.

A orientação do ano estará enfocada na direção da afirmação dos desejos, das iniciativas e do impulso que a pessoa imprimir ao seu ano. A atenção vai estar centrada no eu, na modalidade de seus impulsos e desejos. Este será um ano importante para a afirmação da vontade pessoal através da ação, um ano para tomar decisões, empreendê-las e executá-las. Como Áries é um signo independente e relacionado com o ato individual de decidir, os anos com o Ascendente em Áries interpretam-se como os de maior possibilidade de livre-arbítrio. Essa possibilidade se anula se Áries estiver na cúspide do setor radical 6, 7, 8 ou 12, porque essas casas são as de maior condicionamento às circunstâncias externas.

Em seguida, devemos observar atentamente os aspectos que Marte tem no radical: a saída da energia pessoal se realizará através desse planeta e irá em direção ao lugar onde ele estiver presente no ano. Ali será onde Marte vai expressar sua natureza básica, com as modificações por aspectos e por planeta dispositor, e também os temas de sua regência anual e radical e os temas de sua presença no Mapa Natal. Áries tem muito amor-próprio, pelo qual, muitas vezes, reage rápida e violentamente, defendendo-se do suposto ataque à sua pessoa. Ele toma tudo demasiadamente a sério, e por isso é chamado de o "leite fervido" do zodíaco. Será importante trabalhar certas características, como a intolerância, a impaciência, a irritabilidade, a precipitação, a imprudência, as ações irrefletidas e as condutas reativas.

Finalmente, este Ascendente está sobreposto à casa radical que tem cúspide em Áries, indicando um ano ideal para trabalhar em nível pessoal as características arianas que se tem em determinados temas concretos do radical e como sai essa energia. Em geral, Marte é o planeta da asserção. Quando o sujeito encontra o meio correto para expressar ou canalizar seu desejo ou vontade, não há violência; esta só ocorre quando não se encontra um meio de expressão adequado ao próprio sentir ou quando é gerada pelos entraves e impedimentos que a pessoa sente que tem, tanto interna como externamente.

Deve-se prestar atenção quando este signo também ocupa a cúspide da casa 12 do ano, porque a pessoa deverá trabalhar especialmente sobre a orientação dessa energia.

ASCENDENTE EM TOURO, VÊNUS REGENTE

Devemos olhar a posição por signo e setor de Vênus para ver onde estará a saída pessoal no ano e de onde vem este planeta no mapa natal, porque serão estes temas que levarão à sua posição anual.

A pessoa terá sua atenção focalizada nos desejos de segurança, estabilidade, permanência e constância; deverá dar tempo também na tomada de decisões e resoluções importantes. A tendência será pensar, pesar e avaliar todo início ou final, devido à dificuldade que este signo tem com esses dois extremos.

Touro, como signo fixo, precisa sentir-se seguro antes de agir ou de levar algo a cabo. O que leva a cabo é um processo de mastigar, de ruminar mentalmente e com digestão muito lenta. A tendência à obstinação e à teimosia nas próprias ações traz uma dificuldade de se adequar mais maleável ou permeável às diferentes condições imperantes no ano.

Será também um ano para gozar e desfrutar, para descobrir como temos internalizada a energia taurina na consciência, pois ela oferece certa lassidão e entrega passiva orientada para o prazer dos sentidos. Pode-se descobrir ou desenvolver no ano toda uma gama de sensações, gozando e desfrutando delas. O signo de Touro pode manter os desejos com persistência, mesmo nos casos de relações conflitantes. Pode ser um ano em que a possibilidade de tensões, de conflitos, enredos, manipulações, controles e situações tensas de poder venha como aprendizado desde o mundo exterior. A pessoa terá que perceber que ela é parte do que lhe está acontecendo e que, com a sua não-ação consciente, pode produzir ou provocar situações, e como essas situações o envolverão. Como o signo de Áries está na casa 12 do ano, isso torna difícil ver e reconhecer como as condutas inconscientes produzem situações no meio social: as brigas ou tensões serão vividas como circunstâncias que vêm do mundo exterior e diante das quais a pessoa apenas reage a elas.

De acordo com os graus onde cai o Ascendente no signo de Touro, este signo também pode estar na cúspide da casa 12 do ano.

ASCENDENTE ANUAL EM GÊMEOS, MERCÚRIO REGENTE

Como sempre, deve-se prestar atenção a Mercúrio no mapa anual, na sua presença por signo e setor, nos aspectos que fizer e onde está presente no radical. Esse planeta levará ao setor anual os temas de suas regências e sua presença no radical.

A pessoa sentirá que sua tendência, sua orientação e sua atenção estarão dirigidas para a comunicação e a necessidade de se expressar em suas diferentes formas ou modalidades. Os estudos, as inquietações intelectuais e o movimento, não só mental mas também físico, darão o clima que envolverá a pessoa. Ela terá que trabalhar a possível dualidade ou as condutas contraditórias no terreno em que elas afloram, fundamentalmente porque este signo a levará a estar dependente da opinião alheia, com uma tendência a ouvir as diferentes vozes do rio, ou seja, as diversas opiniões do mundo exterior, e isso poderia reafirmar suas contradições. Se algo assim acontecer poderá servir para trabalhar a dúvida, a desvalorização de si mesmo ou para tomar consciência do nível de dispersão de sua energia pessoal devido ao excesso de curiosidade.

A comunicação, o ensino e os aprendizados serão muito importantes. A pessoa pode ter desejos de viagens curtas ou saídas; também poderá ocorrer que sua atividade a leve a se locomover ou a muito mais movimento pessoal de índole física ou mental, no transcorrer do ano.

Gêmeos é um signo que pode ter dupla cúspide abarcando as casas 12 e 1 do ano. Se isso acontecer, deve-se prestar especial atenção, pois significa que a pessoa terá que limpar, depurar, dissolver e aprender algo relacionado com esse signo.

O signo de Gêmeos está relacionado com os irmãos, os vizinhos, com compras e vendas, com o comércio, com papéis e assinatura de papéis relacionados com valores, audiências, relações públicas, escritos, promoções ou publicidade, com ladrões ou roubos (é preciso ver os aspectos de Mercúrio e se esse signo ocupa também a casa 12 do ano), ou seja, estes temas podem ter um papel importante no ano.

Deve-se prestar especial atenção às três retrogradações de Mercúrio no ano, por ser ele o governante do tema.

ASCENDENTE ANUAL EM CÂNCER, LUA REGENTE

Este é um ano em que a orientação pessoal estará enfocada na expressão anímica, emocional e na sensibilidade. A pessoa estará mais propensa a estados de subjetividade, hipersensibilidade, suscetibilidade, sempre que a Lua do ano o confirme. O aconchego, a ternura, os desejos de proteger, de conter, acolher ou alimentar e cuidar podem surgir como condutas pessoais. As condições do mundo circundante e dos diferentes ambientes a afetarão de diversas maneiras devido ao estado pessoal de maior receptividade. Haverá flutuações nos recursos pessoais por causa dos estados emocionais, sempre levando em conta o estado da Lua no tema radical e no anual. Será um ano em que os mecanismos inconscientes e hábitos guardados no reservatório que é a memória inconsciente estarão ocupando um papel importante, possivelmente para que o sujeito possa compreender suas emoções e seus apegos. O oitavo signo a partir do Ascendente em Câncer é Aquário, que, geralmente, se localiza no oitavo setor do ano. Com isso, deduzimos que Câncer se transforma pela incorporação de conceitos mais amplos, mais vastos de solidariedade social, ou seja, a transformação está relacionada com o social; devem morrer velhas idéias para renascer uma visão de futuro e porvir individual. A atenção poderia estar orientada para a família ou o desejo pessoal de uma família. O passado tem um papel importante no ano; podem vir memórias guardadas e a revisão de lembranças e vivências. A mãe e a relação com ela, como também o tema da maternidade para a mulher e da paternidade para o homem, estarão presentes.

O vôo, a imaginação, a fantasia e a vida onírica serão de grande importância no ano. A Lua — que governa o tema anual — é o único planeta que é receptor universal, ou seja, ela recebe e é modificada por todas as outras energias planetárias, não sendo modificadora direta de nenhuma delas. Por isso é imprescindível prestar atenção aos seus aspectos e ao aspecto que a Lua fizer na sua posição no mapa natal.

Deve-se prestar atenção à casa 4 do ano, a seus regentes e também se há planetas presentes nela, deve-se até mesmo levar em conta onde está localizada a casa 4 radical.

ASCENDENTE ANUAL EM LEÃO, O SOL REGENTE

O Ascendente em Leão orienta para a afirmação da identidade e, como o Sol é o regente anual, pode-se dizer que o propósito está centrado em si mesmo. É um ano ideal para afirmar a consciência da auto-estima e da autovalorização. A pessoa poderá sentir mais segurança nos recursos pessoais, sempre considerando especialmente o Sol, que dará a este Ascendente a modalidade característica da pessoa. A conscientização está relacionada com a própria pessoa e com os temas concretos do lugar onde está o Sol. A pessoa pode irradiar uma energia ou magnetismo particular, sabe ser simpática pela conscientização e utilização dos recursos leoninos de simpatia, sedução, cordialidade, criatividade, dramatização, espontaneidade e certo ar de poder que inspira respeito, porte digno. Este é um ano para revisar o ego e as condutas egocêntricas que poderiam causar distância e afastamento nos vínculos. Ano em que estarão presentes a arte, a cor, o movimento, a auto-expressão, o jogo, as saídas, o desfrute e o gozo, como parte dos desejos da personalidade. Poderá até mesmo sentir o desejo de melhorar sua pessoa, de se ver melhor; poderá notar que sua pessoa irradia uma energia diferente.

Será importante ver a casa 5 anual e a radical para determinar qual é o aprendizado que o ano traz, ou seja, o sentido de ter Leão ascendendo no ano. Poderia também ressurgir o desejo de agradar, de se sentir bem esteticamente, ou na beleza, por isso a forma de se vestir e a roupa serão importantes neste ano. Os filhos e a afetividade ou o amor terão um papel no pessoal.

ASCENDENTE ANUAL EM VIRGEM, MERCÚRIO REGENTE

Deve-se prestar atenção em Mercúrio, na casa, signo e aspectos do ano e onde está no mapa radical, e também à casa 6 anual e radical, para ver qual é o trabalho interno que o Ascendente Virgem traz no nível pessoal.

Virgem é um signo que tende à introspecção, à reserva, e tem uma observação atenta, meticulosa e detalhada de si mesmo e da realidade circundante, às vezes com uma excessiva conduta crítica ou autocrítica que o limita. Tendência para selecionar, separar e discriminar. A pessoa estará ocupada com o próprio corpo, pode necessitar fazer algum regime alimentar para perder peso ou algum jejum para se desintoxicar. Estados de tensão e ansiedade podem provocar condutas vorazes ou obsessivas (princípio seco). Tendências perfeccionistas e, com isso, um excesso de exigências. Possibilidade de tomar distância para ter mais objetividade. Bom senso, eficiência, idéias e pensamentos claros, lúcidos e pertinentes (com bom estado cósmico de Mercúrio). Atividades guiadas pela razão e pela lógica. O plano que está num processo de fins e começos, de transformação e dissolução é o fogo, ou seja, o Eu com suas modalidades, a vontade, a ação, a confiança, etc. A razão disso é que Leão está na casa 12, Sagitário está na casa 4 e Áries na casa 8. Temos observado que os anos com este Ascendente são propícios para fazer uma forte depuração da soberba, do orgulho e do sentido da própria importância pessoal. Estes Ascendentes têm muito ego, por isso se sentem feridos facilmente. O trabalho, a laboriosidade, a eficiência e a utilidade pessoal estarão em primeiro plano.

Este Ascendente também pode levar a atenção tanto para o pessoal doméstico como para o pessoal que a pessoa tem sob relação de dependência.

Virgem tem como característica a modalidade de certa modéstia e humildade. Às vezes chega a se submeter ou a servir de capacho para os outros. O grande aprendizado deste signo é saber onde se colocar e como se localizar nas relações. Ele representa a dúvida social, e seu aprendizado será não ser nem um submisso nem um opressor, porque esses dois traços estão na sua interioridade, devido ao fato de ter o princípio seco em sua composição elementar.

ASCENDENTE ANUAL EM LIBRA, VÊNUS REGENTE

Tendo Vênus como governante, presta-se atenção à sua posição por casa e signo para incluí-lo na descrição do Ascendente anual. Sua posição determina por onde a pessoa estará polarizando a atenção, ou seja, por onde será a saída do ano.

A atenção pessoal vai estar dirigida para as relações e os vínculos. É um ano em que a modalidade pessoal será suavizada, haverá mais sensibilidade a todo tipo de matizes e contrastes relacionados com os contatos e a interação. Outros temas importantes serão a justiça e a necessidade de usar meios brandos, suaves e afetuosos. O olhar se depositará com muita facilidade no meio ambiente. A sedução, a vaidade e o cuidado, tanto com a roupa quanto com a beleza e estética pessoal, marcarão a tendência do ano, devendo-se isso mais à necessidade de se sentir bem consigo mesmo do que pela opinião da sociedade. A pessoa poderá sentir como opera em si mesma essa característica libriana de cair bem, de se sentir aceito e querido. Deverá equilibrar e mediar entre todo tipo de opostos. Terá que prestar atenção à casa 7 do radical e do ano, para ver o sentido ou a função que Libra cumpre no Ascendente. Como a conduta pessoal do ano será a de estar mais dependente dos outros e dos vínculos, de como compartilhar ou de como interagir, se abrirá, assim, a um novo modo de considerar o exterior e possivelmente terá que enfrentar-se com condutas pessoais mais indecisas. Pode ser também que necessite de mais tempo para refletir e aclarar os conceitos e idéias antes de decidir.

Se este ano coincidir com o momento da retrogradação de Vênus, deve-se analisar atentamente em que setor isso acontece.

ASCENDENTE ANUAL EM ESCORPIÃO, MARTE E PLUTÃO REGENTES

Este Ascendente trará um ano carregado de tensões no nível anímico-emocional, pelo fato de que tudo tende a ser vivido com uma carga extra de intensidade. Haverá tendências extremistas em todos os planos, e a pessoa pode passar de estados de contenção a fortes saídas ou explosões pessoais, em que a intolerância é a nota-chave.

Possivelmente, o processo ocorre por dentro, apresentando a personalidade uma forma aparentemente calma, tranqüila, silenciosa; as correntes encontradas se produzem internamente. É certo que tudo dependerá do grau de reconhecimento das próprias modalidades escorpianas. Apesar do que foi dito anteriormente, a tendência é de estar muito mais firme, seguro e resistente psiquicamente. Os temas relacionados com o poder, os medos, a morte e o sexo serão os que terá que trabalhar no nível pessoal, como também as mudanças ou transições que necessite fazer no ano, e, obviamente, tudo isso está relacionado com o tema concreto, ou seja, a casa do radical que a cúspide deste signo ocupa.

Se procurarmos uma visão global dos signos nas casas e sempre que não haja signos interceptados, veremos que os três signos de ar ocupam as três casas de água, ou seja, o Ascendente em Escorpião leva como processo de transformação os temas dos vínculos. Aquário estará na casa 4, fim de ciclo e início de um novo ciclo relacionado com a visão de futuro, os projetos, os amigos e os grupos. Gêmeos estará na casa 8, o que fará a mudança no ano estar relacionada com aquilo que, para Escorpião, é difícil: a comunicação. Libra estará na casa 12, portanto a dissolução, as provas e o aprendizado pessoal estarão na consciência de interação ou de aceitação social que a pessoa tenha adquirido até o momento. Escorpião é um signo de fusão, e o aprendizado será como viver a intensidade e a fusão psíquica próprias dele, sem perder o próprio centro, o desejo, o eu; como também aprender a respeitar a individualidade e a liberdade dos outros, pois este Ascendente em geral tem um Fundo do Céu ou casa 4 no signo de Aquário — esta representa a sua base psicológica —, mantém, quase sempre, certa distância interior, mesmo que essa distância não seja a que é mostrada externamente. A alquimia entre o eu e o nós será o tema central do ano.

ASCENDENTE ANUAL EM SAGITÁRIO, JÚPITER REGENTE

Dá-se atenção a Júpiter anual pela sua posição por casa, signo e aspectos e por sua relação com Júpiter radical, para ver, especificamente, que temas concretos sua presença física trará nesse ano.

Em geral, este Ascendente marca anos em que a chave é a busca individual que a pessoa está realizando, seu desejo pessoal de se expandir, de se abrir e de transpor limites tanto corporais (desejos de viajar) como mentais, orientados para uma abertura da consciência ou do estado de compreensão. Sagitário no Ascendente dá uma tendência pessoal filosófica, tendência a aumentar ou exagerar e aos grandes ideais. A pessoa estará conectando-se com essa área da vida — que é o seu radical — e no qual ela expressa seu otimismo, sua confiança e alegria, podendo observar como nasce essa energia e o que a produz. Em Sagitário, os Ascendentes mostrarão uma forma externa extrovertida, alegre, cândida, excessivamente confiada, cômoda, buscando às vezes situações fáceis. Temos ouvido, em reiteradas ocasiões, que Sagitário é um signo leve, quando, na realidade, na sua camada mais profunda se produzem grandes tormentas ou tendências conflitantes muito agudas e grandes, e intensas emoções que nem sempre saem à superfície. Isso ocorre porque um Ascendente Sagitário — tanto no mapa anual quanto no natal — tem Escorpião na casa 12, o que lhe dá determinadas condutas inconscientes que, se não forem trabalhadas, provocam esse "não querer ver" o que lhe causa dor. Diante do mundo, isso pode ser tomado como uma atitude superficial. Os três signos de água nos setores de água produzem reações instintivas emocionais intensas, que de nenhum modo são leves. Sagitário é um signo apaixonado e extremista e, por isso, tende ao fanatismo ou ao dogmatismo. Tem questionamentos ou dúvidas morais ou éticas e uma tendência quixotesca a lutar contra o impossível. A moral, as questões éticas, a filosofia, o desejo de compreender, ampliando a própria visão, serão os temas que o manterão ocupado durante o ano. Acreditamos que não se deve interpretar este Ascendente como um ano fácil, porque Escorpião está na casa 12, e no mais profundo preparam-se intensas lutas e tormentas. Haverá intolerância contra as manipulações ou os controles e condutas persecutórias que deverão ser reconhecidos como próprios. Enfim, será todo um verdadeiro caos abaixo da superfície visível, que pode ser reconhecido ou não. Se não for, o caos estará projetado para fora e a pessoa concentrará gentilmente sua atenção em Touro.

ASCENDENTE ANUAL EM CAPRICÓRNIO, SATURNO REGENTE

Temos que ver, como sempre, a posição de Saturno por casa, signo e os aspectos do ano. Em geral, este Ascendente indica um ano em que as coisas e os temas pessoais podem ter um desenrolar lento. A personalidade estará com a atenção voltada para as metas, os projetos, a reativação da ambição pessoal, as realizações. Será um ano carregado de exigências, de esforço, de perseverança e de firmeza necessários para a realização dos desejos pessoais. As condutas tenderão à reflexão, aos momentos de introspecção, de introversão, de desejo de isolamento. Terão primazia no ano o bom senso, o pensamento concreto e racional, a seriedade, o sentido de compromisso, a obrigação, o dever, o que foi combinado. O sujeito deverá trabalhar, no nível pessoal, o modo de concretizar os projetos ou o que se proponha, baixando o nível de exigências, pois isto poderia trazer esgotamento ou cansaço excessivos, principalmente por excesso de atividade intelectual e de esgotamento do sistema nervoso (casa 6 do ano em Gêmeos). A atenção estará fortemente dirigida ao trabalho e à operosidade individual. Os empreendimentos que quiser levar a cabo dependerão da própria pessoa e dos contatos ou conexões sociais (casa 10 anual em Libra). Podem ser trabalhados os temas relacionados com o poder, a forma de encará-lo e concentrá-lo, o que pode e o que acha que não pode. O compromisso maior é com respeito a si mesmo e à realização como pessoa em algum empreendimento ou atividade que permita a saída ou projeção social. Pode-se trabalhar a imagem ou a auto-imagem que se projeta no social, a pessoa e sua vida pública e seus desejos de auto-realização.

ASCENDENTE EM AQUÁRIO, SATURNO E URANO REGENTES

Como sempre, é preciso olhar onde os governantes estão presentes por signo, setor e aspectos. A isso deve-se agregar a informação sobre onde estão presentes no radical.

Nestes anos, costuma aparecer o desejo relacionado com a liberdade. Em geral, dá uma orientação de desejos de inovar, renovar ou mudar algo na vida da pessoa. As tendências da personalidade no ano estarão sujeitas a condutas estranhas, esquisitas, diferentes e a reações pessoais que podem deslocar os outros, principalmente por serem abruptas. Em Aquário, os Ascendentes não tomam decisões repentinas; só é repentina a forma em que saem tais decisões, porque a tendência é pensar muito até que se resolva. A personalidade pode ter condutas extremistas, passando da sociabilidade e do desejo de estar com os outros à necessidade de permanecer totalmente sozinho. E este deve fazer isso, pois Aquário se alimenta e recarrega suas baterias estando na solidão, com seu mundo interior e com seus interesses. Também será um ano em que ajustes de distância poderão ser feitos, ou seja, experimentar qual é a distância exata entre a pessoa — com seus tempos e interesses — e a relação com os outros, com o mundo exterior ou com uma relação específica. O Ascendente em Aquário exige que se ponha um colchão de ar entre ele e o mundo circundante; isto se vive corporalmente, pondo certa distância física. Quando esse espaço vital diminui, quando se encurta a distância, muitas vezes a pessoa se sente sufocada e se afasta um pouco. Acontece o mesmo quando a distância aumenta; possivelmente a tendência seja uma leve aproximação física.

Os amigos e os grupos terão um papel importante no ano.

Como Aquário está relacionado com o sentimento de irmandade universal e com a compreensão do que é cósmico, de algum modo o ano — de acordo com o nível individual — poderia estar orientado para uma abertura ou compreensão nesse sentido. Trabalhar a própria originalidade, reencontrar-se com o próprio modo de ser único, de respeitar a própria individualidade e ser fiel a si mesmo e ao que sente ou pensa no mais profundo do ser, este é o tema do ano. Obviamente, com Capricórnio às costas — ou seja, na casa 12 — deverá amolecer as áreas endurecidas, rígidas ou estereotipadas. Primeiro, deve perceber que as tem; caso contrário, podem estar projetadas lá fora e ele se defenderá, brigando com essas estruturas do mundo exterior.

ASCENDENTE ANUAL EM PEIXES, JÚPITER E NETUNO REGENTES

Como sempre, tomamos Júpiter como regente de Peixes porque seus tempos de rotação são mais rápidos, possibilitando aos de Peixes ciclos e retornos que não seriam possíveis com Netuno como verdadeiro regente. Observamos onde se localizam no mapa esses dois planetas a fim de ver para onde a pessoa orientará sua atenção no ano.

Os anos de Ascendente em Peixes criam uma sensação de vazio, de alguma incerteza, como se uma nuvem estivesse sobre a cabeça. A impressão é a de não poder ver com clareza. Na realidade, isso vai depender de como a pessoa tenha internalizado ou trabalhado essa área da vida: Peixes corresponde a algum setor do mapa individual por onde a pessoa vive ou experimenta o mergulho nas águas piscianas, o sacrifício de alguma parte do eu que necessita depurar para viver esse estado de unidade, de não-diferenciação, que é Peixes quando está bem trabalhado. Não é possível diluir nada que primeiro não se haja separado ou discriminado conscientemente. Quem se funde nesse oceano cósmico que Peixes representa, sem ter passado primeiro pelo seu signo oposto, que é Virgem, se perderá, irremediavelmente. Como disse Goethe, no Fausto: “Para unir-te ao infinito, primeiro hás de diferenciar para depois juntar.”

Por isso é que, nestes anos, a recomendação que se faz é deixar fluir, não reter, não querer entender com a mente racional, pois Peixes é um signo que nos conectará com alguma experiência irracional, por ser um signo de água. Durante os anos com este Ascendente, o sujeito terá que se abrir ao sentir, não ao pensar. Quanto mais se empenhe em pensar e entender com sua mente lógica o que está acontecendo, mais se confundirá ou se perderá. Estes Ascendentes às vezes criam confusão, que vem como efeito do medo ou ansiedade que produz essa vivência ou a negação dela pelo uso da razão. São anos ideais para se voltar para questões de fé, misticismo, meditação ou trabalhos corporais piscianos, como Yoga, Tai Chi Chuan, etc. Peixes volta-se mais para a quietude física, para o silêncio, para se aprofundar em outras realidades — as internas — em outros planos de manifestação não-concreta, mas tão reais quanto a própria matéria. Nestes anos, a pessoa poderá conectar-se com o sutil, o inatingível, o sensitivo, o perceptivo, o mágico do sentido transcendente do ser humano, com os anjos e o mundo angélico, com a entrega na sua máxima expressão, com a cura, com a energia e como se pode vê-la e apalpá-la, com o Reiki, etc. Nos anos com este Ascendente verifica-se como a conduta se torna mais inalcançável, fugidia, apresentando nuvens de fumaça e a conseqüente fuga do convívio social. Se você pensa que pode agarrar estes Ascendentes, está errado; eles não toleram ser capturados. Deve-se isto às características típicas de Peixes e também porque este signo tem Aquário nas costas, que lhe dá um forte senso de liberdade, e esta não é negociável. Peixes é um signo paradoxal. Se não quiserem capturá-lo e possuí-lo, será o mais fiel companheiro e estará muito próximo. Ele não tolera sentir-se encurralado nem sofrer o confronto direto de modo violento. Diante dessas modalidades, sua reação é escapar.

DERIVADAS NA REVOLUÇÃO SOLAR

O sistema de domificação derivada é um método de interpretação relacionado com as casas astrológicas, que é usado para enriquecer seus conteúdos. Não é matéria deste livro nos estendermos sobre o tema das casas. Diremos sucintamente que temos 12 casas que expressam ou representam diferentes áreas específicas ou temas concretos do nosso cotidiano. Cada casa tem analogia e toma seu significado do zodíaco em repouso ou fixo, mas as casas não são o mesmo que os signos. O zodíaco é formado pelo movimento de translação da Terra ao redor do Sol, percurso que foi dividido em 12 partes iguais de 30° cada uma: os signos. A partir da nossa visão terrestre, quando o Sol chega anualmente ao equinócio da primavera, para o norte, e ao do outono, para o sul — o que corresponde a 0° de Áries — inicia-se um novo ciclo da Terra na sua trajetória ao redor do Sol. As casas se formam pelo movimento de rotação da Terra sobre o seu próprio eixo, o qual produz um aparente deslocamento da abóbada celeste, fazendo que, pelos quatro pontos cardeais de cada lugar do planeta — determinados pelo horizonte visível e pelo meridiano —, passem, nas 24 horas do dia, os 12 signos do zodíaco, na razão de duas horas por signo, aproximadamente. Esses quatro pontos cardeais são as quatro casas cardeais de uma domificação, e a estrutura básica mais importante a partir das quais se desenvolvem as casas restantes, que são secundárias quanto à significação. O único que permanece fixo é o significado de cada casa, pois todos os signos ascendem pelo horizonte leste visível (Ascendente), em um dia. A cada duas horas, aproximadamente, teremos um novo signo que será o Ascendente do momento ou início da primeira casa. Ao se deslocarem o eixo do horizonte Leste-Oeste e o eixo do Meridiano Superior-Inferior do lugar, ou seja, o Norte-Sul, o Meio do Céu/Fundo do Céu, deslocam-se os demais signos nas respectivas casas.

Por exemplo, o Ascendente ou início da casa 1 tem sempre analogia com o signo de Áries, ou seja, tem relação com a pessoa, com o seu eu, com seus desejos e atitudes, modalidades e condutas, com seu corpo; a casa 2 tem analogia com Touro: vemos nela as necessidades profundas da pessoa, e também suas finanças, seus meios econômicos e sua atitude com o pecuniário, com seus valores, recursos e pertences. A casa 3 tem analogia com o signo de Gêmeos. Essa é a forma pela qual a pessoa pensa, fala e se comunica, seus estudos, seus irmãos, os vizinhos, suas viagens, suas mudanças... e assim até a casa 12. Cada casa expressa temas concretos e toda a gama de possibilidades que a vida contém no plano terrestre. As casas determinam o fator individual, pois os planetas se individualizam pelas suas posições físicas, ou seja, pela sua presença numa casa. Uma das coisas que diferenciam uma pessoa de outra — mesmo as nascidas no mesmo dia — são as posições dos planetas nas casas, ou seja, a diferença na hora de nascimento.

Voltando ao tema de derivadas, dizemos que, para se deslocar com mais amplitude e profundidade, elas se utilizam dos temas que cada casa expressa, sejam coisas e as modalidades individuais com relação a elas (como a casa 2), ou pessoas (como a casa 5), que é o filho. Este sistema sustenta que, a partir de cada casa ou setor, começa ou se desenrola uma nova domificação. E, a partir de cada um dos setores, podemos contar doze temas concretos relacionados com as diferentes pessoas ou coisas que eles representam. Cada setor é, então, aquilo que representa para o radical ou Mapa Natal, ou seja, para a pessoa dona do mapa e os onze restantes, dependendo de onde se começa a contar.

Assim como temos doze casas para a pessoa, também temos doze casas para cada uma das casas do radical, porque, por derivadas, cada uma das casas do radical é, por sua vez, o Ascendente ou casa 1, o início de uma nova setorização.

Ou seja, o primeiro setor ou Ascendente do radical:

A partir da casa 1, é o Asc. da pessoa
A partir da casa 2, é a 12 das finanças
A partir da casa 3, é a 11 dos irmãos, vizinhos, etc.
A partir da casa 4, é a 10 do pai ou família
A partir da casa 5, é a 9 do filho, arte, identidade
A partir da casa 6, é a 8 do trabalho, saúde, empregados
A partir da casa 7, é a 7 do parceiro, sócios, segundo filho
A partir da casa 8, é a 6 das transformações
A partir da casa 9, é a 5 das viagens, estudos, fé
A partir da casa 10, é a 4 da mãe ou profissão
A partir da casa 11, é a 3 dos amigos, grupos ou planos
A partir da casa 12, é a 2 do karma ou destino

Exemplo: A casa 2 só terá relação com as finanças para a pessoa porque também:

A partir da casa 2, é o Ascendente das finanças
A partir da casa 3, é a 12 dos irmãos, etc.
A partir da casa 4, é a 11 do pai ou família
A partir da casa 5, é a 10 do filho ou arte, etc.
A partir da casa 6, é a 9 do trabalho, saúde ou empregados
A partir da casa 7, é a 8 do parceiro, sócios ou segundo filho
A partir da casa 8, é a 7 das transformações
A partir da casa 9, é a 6 das aspirações, estrangeiro
A partir da casa 10, é a 5 da profissão, mãe
A partir da casa 11, é a 4 dos amigos, projetos, etc.
A partir da casa 12, é a 3 do karma, destino
A partir da casa 1, é a 2 da pessoa dona do mapa

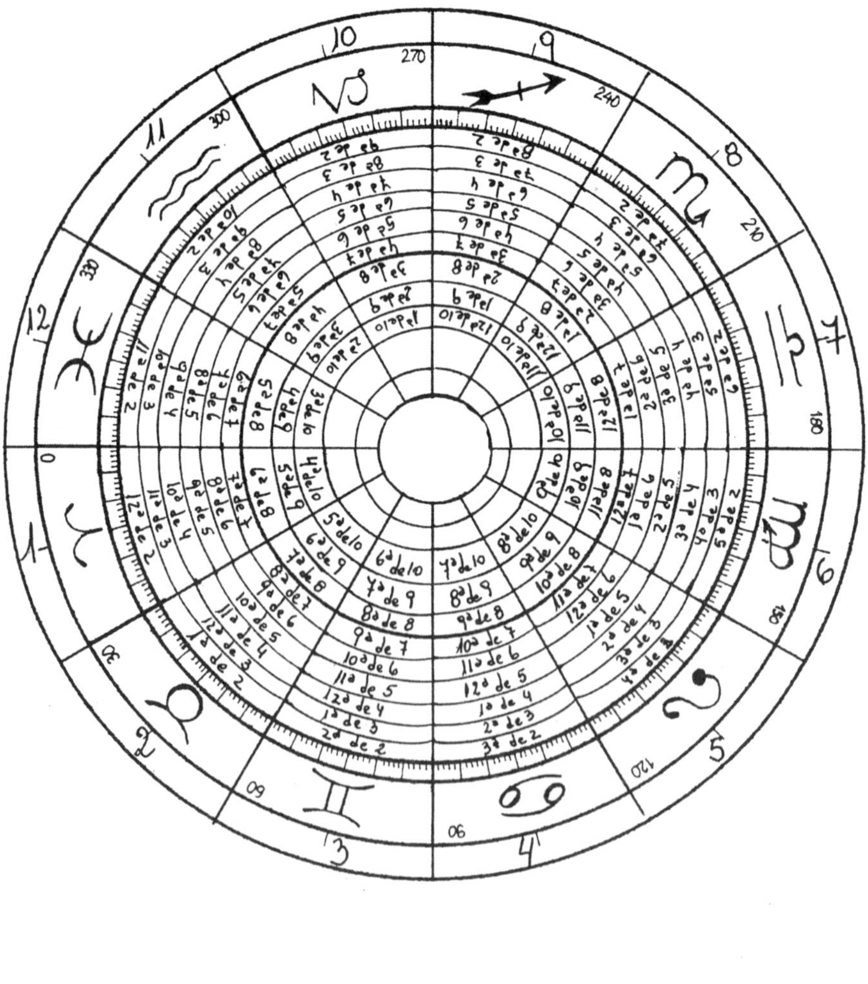

Doze círculos concêntricos representando as derivadas. O círculo externo é a domificação para a pessoa. A seguir, em cada um dos círculos restantes, vê-se a domificação derivada para cada setor, com seu início na casa 1, passando esta a ser o Ascendente dessa domificação.

Se derivarmos a partir da casa 11, será a personalidade ou casa 1 dos amigos, do genro ou nora (é a casa 7 a partir da 5), a casa 12 será a casa 2 deles, o Ascendente do radical será a 3, veremos a forma de falar dos amigos, a forma de pensar, os irmãos, etc.

RADICAL		DERIVADAS	
Exemplo:			
11	é	1	ou Ascendente, personalidade, dos amigos, da nora ou genro, etc.
12	é	2	recursos e economia
1	é	3	irmãos, estudos, comunicação
2	é	4	pai, família, primeiros anos
3	é	5	filhos, criatividade, afetos
4	é	6	trabalho, saúde
5	é	7	parceiro, sócios
6	é	8	mudanças, perdas, sexo, medos
7	é	9	filosofia, crenças, estudos
8	é	10	mãe, metas, profissão
9	é	11	projetos, amigos, futuro
10	é	12	aprendizagens impostas

Se partimos da casa 10 para ver a personalidade da mãe, chegamos ao Ascendente do radical — que é a casa 4 a partir da 10 — e dizemos que é o avô materno, como também a infância e os primeiros anos de vida da mãe e o Descendente radical — que é a casa 10 a partir da 10 — ou seja, a avó materna e a profissão ou atividade social da mãe, se tiver.

Na casa 10 também se encontram os primos irmãos do lado do pai, porque são os filhos dos irmãos do pai (é casa 5 — filhos — a partir da casa 6, e a casa 6 é a 3 — irmãos — a partir da casa 4 — o pai).

Se partimos da casa 4 — o pai — do radical, vemos a personalidade do pai, chegamos ao Descendente radical — que é a casa 4 a partir da 4 —, o pai do pai, avô paterno, e a infância ou primeiros anos de vida do pai e a relação com seu pai, etc. e o Ascendente do radical — será a casa 10 a partir da 4 —, ou seja, a profissão do pai e sua saída social e também sua mãe, ou seja, a avó paterna.

A casa 4 radical são os primos-irmãos, filhos dos irmãos da mãe, porque — é a casa 5 a partir da casa 12 — a casa 12 é a 3 (irmãos da mãe) se contamos a partir da casa 10 (mãe).

Derivada de 5: o filho (ou filha) mais velho. Também o segundo irmão (ou irmã).

RADICAL	DERIVADAS
5	1 = personalidade, desejos, condutas, etc.
6	2 = necessidades, recursos, valores, economia
7	3 = irmãos, estudos, estrutura mental
8	4 = o pai, como vive, circunstâncias dos primeiros anos de vida
9	5 = o primeiro filho, ou seja, o neto para o dono do mapa, a criação, amor e afetos
10	6 = a saúde e o trabalho
11	7 = parceiro ou sócios, o genro ou a nora para o dono do mapa
12	8 = as mudanças, as perdas, o sexo, os medos, as heranças, etc.
1	9 = suas viagens ao estrangeiro, seus estudos universitários, sua fé, aspirações
2	10 = sua mãe, como vive, sua orientação profissional
3	11 = seus planos, projetos, os amigos, visão de futuro
4	12 = suas provações, dificuldades, condutas inconscientes, seu aprendizado

A partir da casa 3, desenrola-se a derivada do irmão (ou irmã) mais velho. Se o nativo dono do mapa for o mais velho, será o irmão que lhe segue. Também é a forma pela qual a pessoa desenvolve seu processo mental, sua comunicação como emissor e receptor, as relações com os vizinhos e como a pessoa viveu e vive no seu meio ambiente imediato, as compras ou as vendas e os papéis com elas relacionados, assim como suas viagens curtas ou deslocamentos.

A partir da casa 2, podem-se ver as derivadas referentes ao estado das finanças pessoais.

Através da casa 7, vêem-se as derivadas para o avô paterno, para a avó materna, para o matrimônio, para o segundo filho, para o terceiro irmão, para a personalidade dos sócios, para o início de litígios e questões legais e seus possíveis andamentos.

A partir da casa 9, deriva-se para o segundo matrimônio, o terceiro filho, o quarto irmão, os tios-irmãos dos avós, o cunhado/a — ou seja, a parceira ou parceiras do irmão ou irmãos do marido —, porque é a casa 7 contada a partir da casa 3 (irmão/ã) ou porque é a casa 3 (irmão/ã) contada a partir da casa 7 (parceiro/a).

A partir da casa 6, usa-se a derivada para ver as condições de trabalho na relação de dependência; se este é uma empresa, negócio, fábrica, etc., pode-se deduzir o que acontece no seu interior; para os animais domésticos; para os tios irmãos do pai; para o pessoal doméstico; para as compras de maquinaria ou qualquer material que a pessoa necessite em seu trabalho pessoal.

A partir da casa 11, vêem-se também os médicos que atendem a saúde da pessoa, porque é a casa 6 a partir da casa 6.

A partir da casa 12 podem-se ver os tios irmãos da mãe, também como se desenrolam as condutas inconscientes chamadas de tendências kármicas. Nela vemos todo o desenrolar inconsciente que liga a pessoa a uma memória anterior.

Isto que acabamos de descrever é utilizado tanto na interpretação do mapa radical quanto na Revolução Solar, com o mecanismo básico de interpretação.

Esse mecanismo consiste em observar os regentes das casas onde se encontram fisicamente, vendo, com isto, a dinâmica de relações e interação dos planetas, signos e casas. Embora seja certo que a presença física de um planeta é mais forte, não é menos certo que esse planeta levará a esse lugar os temas de sua regência, a menos que esteja em seu domicílio.

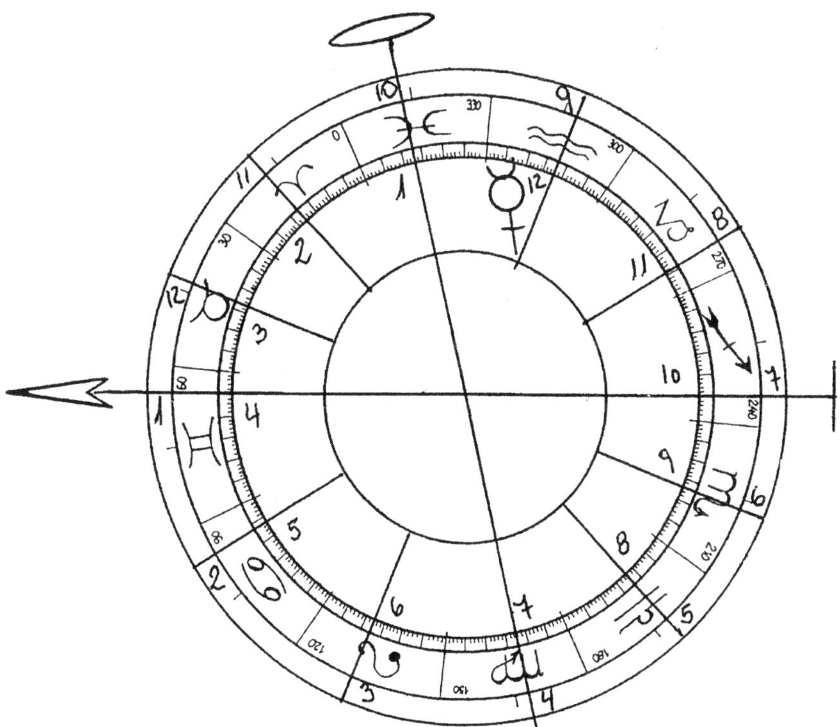

Nas derivadas, os planetas ficam nas mesmas casas do mapa, mudando unicamente a significação da casa onde estão presentes e a de suas regências.

Exemplo: Ascendente em Gêmeos, Mercúrio (governante do tema e regente da casa 4, localizada em Virgem) está presente em Aquário na casa 9. Para a pessoa é seu governante na casa relacionada com o espírito, as viagens, os estudos, a mente abstrata, mas, se fazemos a derivada para a mãe, Mercúrio é o regente da casa 4 e da casa 7 dela, estando presente na que seria a sua casa 12.

Esse mesmo planeta Mercúrio, para o pai, está presente no que para ele é a casa 6. Ele traz para esta casa os temas de sua regência nas derivadas, ou seja, das casas 1 e 10 para ele.

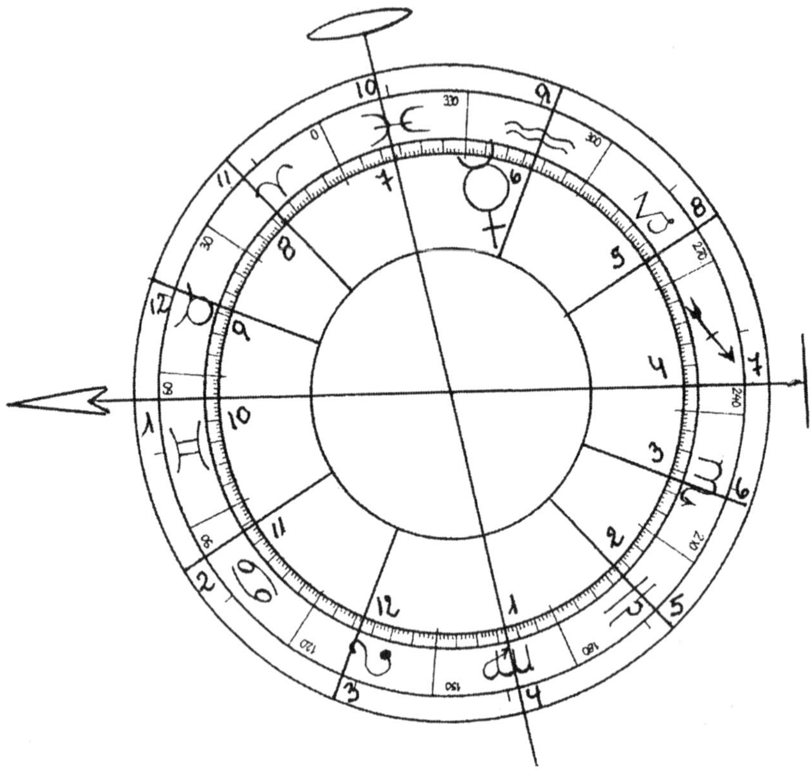

Para o parceiro, será Mercúrio presente na casa 3, que desdobra ali os temas das casas 7 e 10 do parceiro.

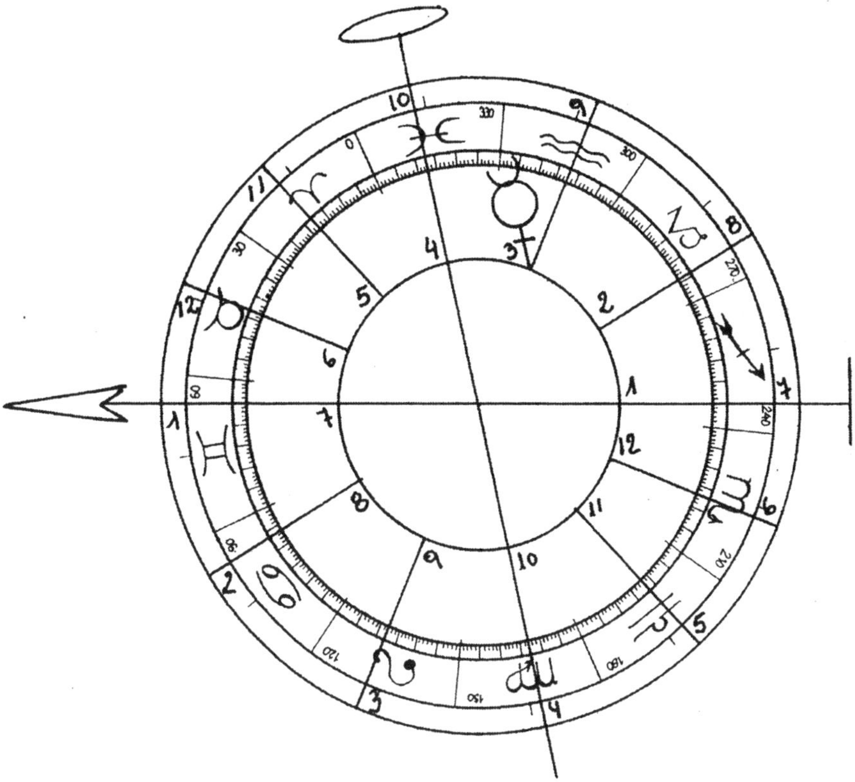

Todas as posições planetárias são interpretadas do modo como fizemos nos exemplos anteriores.

TRÂNSITOS NAS DERIVADAS

Aprofundando o tema das derivadas, podemos também incluir nelas os trânsitos planetários. Esses trânsitos tanto podem ser interpretados nas derivadas do mapa natal quanto nas derivadas da Revolução Solar. O método de interpretação segue as linhas gerais que foram usadas na interpretação dos trânsitos.

Os planetas estarão em trânsito por determinadas casas anuais que, vistas a partir do sistema de domificação derivada, serão as mesmas casas que mudam de significação, dependendo de onde se esteja derivando.

O método de interpretação de trânsitos é o seguinte: o planeta que se desloca por uma casa leva para ela os temas de sua natureza básica, os temas de sua regência por cúspides e os temas de sua presença, isto é, de onde vem fisicamente.

As posições dos planetas em derivadas assim como as regências, mudam de significação, devido ao fato de as casas serem as mesmas, mas seu significado ser diferente.

Assim, por exemplo, quando queremos ver momentos ou períodos dentro da Revolução Solar, os trânsitos são bons aliados para esse fim. Dizemos que é proveitoso e útil incluir os trânsitos pelas casas do mapa a fim de enriquecer a interpretação. Aplicamos a forma básica de ver os trânsitos dando-lhes a significação que a casa tem para a pessoa e aquilo que significa a partir da derivada por onde se começou a contar. Dentro do sistema de revolução, é comum ver, por exemplo, o trânsito do Sol pelas casas em que transita anualmente. Se voltarmos aos gráficos anteriores, diremos que, quando o Sol transita pelo signo de Gêmeos, estará sobre o Ascendente do ano (que está sobreposto a algum setor do radical). Esse trânsito do Sol leva à casa 1 os temas da casa 3 (cúspide de Leão). Não incluímos neste momento de onde vem, pois não faz falta para essa descrição. Se quisermos ver o que significa esse mesmo trânsito para os seres com quem estamos vinculados, diremos que, para a mãe (casa 10), será o Sol regente de sua casa 6 que está em trânsito pela sua casa 4. A casa 3 radical é a casa 6 a partir da casa 10 e o Ascendente radical é a casa 4 a partir da casa 10. Para o pai (casa 4), o Sol é o regente de sua casa 12 que está em trânsito por sua casa 10, porque a casa 3 radical é a casa 12 a partir da casa 4 radical, e porque o Ascendente radical é a 10 a partir da 4. Para o irmão representado pela casa 3, o Sol é o regente de sua casa 1 em trânsito pelo que é sua casa 11. O Ascendente do radical é a casa 11 a partir da 3 radical. Para o filho mais velho (casa 5), o Sol é o regente de sua casa 11 derivada, em trânsito pela sua casa 9, porque a partir da casa 5 radical, o Ascendente radical é a casa 9, enquanto a casa 3 radical é a casa 11 por derivadas.

E assim, sucessivamente, em qualquer casa a partir da qual se queira fazer a domificação derivada e com qualquer planeta que esteja transitando por elas.

GRÁFICO DE TRÂNSITO POR DERIVADAS

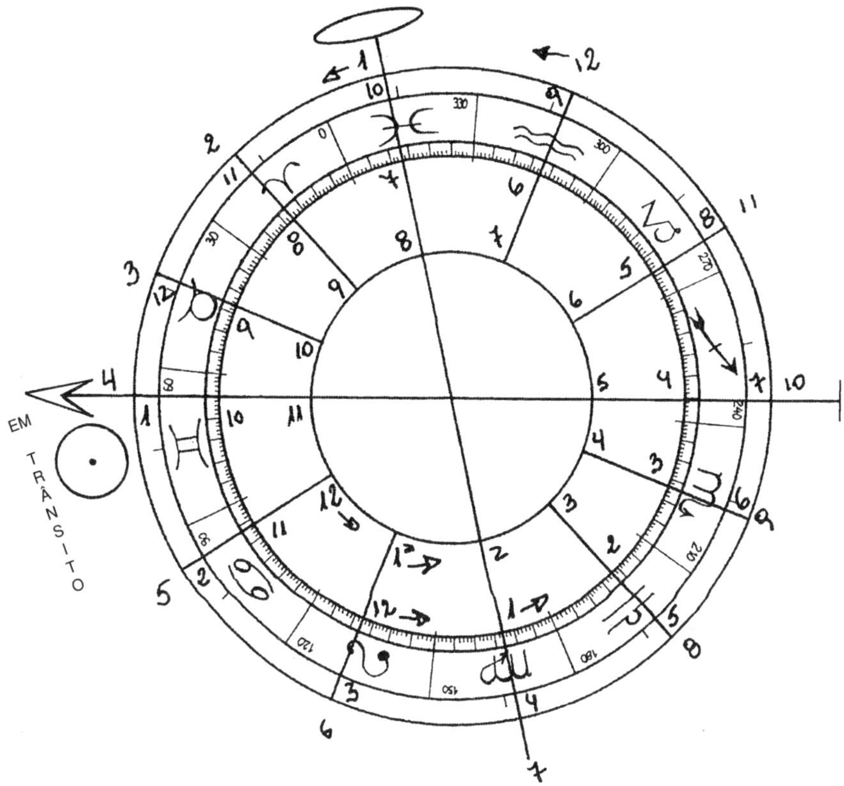

Esses trânsitos, que incorporamos às derivadas da Revolução Solar, também desenvolvemos quando interpretamos o Mapa Natal e as derivadas no mesmo.

PROGRESSÃO SECUNDÁRIA NAS DERIVADAS

Tenho tido comprovação da eficácia das progressões secundárias nas derivadas.

Proponho o estudo da Lua progredida para fins de investigação. Como a Lua é rápida, podemos verificar seu movimento pelas casas em tempos mais curtos. Por exemplo, uma pessoa tem seu Fundo do Céu no grau 25 de Touro. A Lua por progressão entra nessa casa em setembro de 1995 (a longitude aproximada da casa é de 30°) e permanece mais ou menos dois anos e meio na casa 4 (lar, família, imóveis). Para o irmão (casa 3), a progressão se realiza pela sua casa 2 (finanças). Para a mãe (casa 10), é pela sua casa 7 (sócio, parceiro, etc.). Para o filho (casa 5), é uma progressão por sua casa 12 (aprendizagem, provas). E assim, sucessivamente, para cada uma das casas. O que desenvolvemos até aqui foi aplicado sobre o mapa radical.

Sabemos que as progressões funcionam muito bem sobre a Revolução Solar. O que estamos propondo é aplicá-las também nas casas derivadas do ano.

No exemplo anterior, a Lua progredida caminha desde o grau 25 de Touro até o grau 9 de Gêmeos. Na Revolução Solar para o ano 1995, o Fundo do Céu ou casa 4 radical se sobrepõe à casa 8 anual. Quer dizer que, em setembro, quando a Lua progredida ingressa na casa 4 radical, entra também na casa 8 do ano. Isto tem sua correspondente interpretação para a pessoa. Por derivadas: para o irmão (3) é a Lua progredida na casa 6 do ano sobre a 4. Para o filho (5), é a Lua progredida pela casa 4 do ano, onde está sobreposta à 4 radical. Para o parceiro, é a Lua progredida pela sua casa 2 anual, onde está sobreposta à casa 4.

Interpreta-se a Lua de acordo com a sua regência, que será um determinado setor para a pessoa dona do mapa. Esse setor — por derivadas — terá uma significação diferente de acordo com a casa a partir da qual se esteja derivando. Interpreta-se também pela sua presença, porque o planeta (neste caso, a Lua) que se desloca pelo mapa leva os temas do lugar de onde vem fisicamente.

Num mapa em que a cúspide da casa 6 está no signo de Câncer, a Lua é regente dessa casa para a pessoa, mas será regente da casa 12 para o seu parceiro. Para o irmão, de sua casa 4. Para o filho, de sua casa 2. Para a mãe, de sua casa 9. Para o pai, é regente de sua casa 3, e assim sucessivamente. Então, a progressão da Lua no mapa do ano levará a essa casa — para cada uma das pessoas antes mencionadas, ou outras — os temas que a Lua esteja regendo para elas no mapa radical.

SOBREPOSIÇÕES NAS DERIVADAS

No capítulo de sobreposições, expusemos a importância que elas têm entre as casas do ano e as do radical dentro da Revolução Solar.

Sugerimos incorporá-las também para as derivadas, como forma de investigação e enriquecimento. O mais comum é interpretar as sobreposições somente para quem foi levantada a Revolução Solar. Da mesma forma como vemos as doze casas do ano sobrepostas às doze do radical, vamos ver as casas das derivadas. Sobre as doze casas de alguma derivada, vamos ver como se distribuem nela as doze casas do radical. Como estará relacionada com alguma pessoa que tem um vínculo estreito com a pessoa dona da Revolução Solar, podem-se fazer ricas deduções do que isso significa para ela ou para as pessoas ligadas a ela.

Sabemos com clareza que os dois mapas que são interpretados são da pessoa, mas como, a partir de nossa visão, tudo está relacionado com tudo e como vemos que as pessoas relacionadas com o dono do mapa estão dentro de seu próprio cosmos ou mundo, então as condições, situações e estados que elas possam viver têm uma afinidade e relação direta com a vida mesma do dono do mapa que interpretamos.

Por exemplo, se sabemos que no Meio do Céu do ano está o signo de Aquário e se sobrepõe à casa 6 do radical, Saturno, primeiro regente de Aquário, está presente na casa 10 em Aquário, e Urano, segundo regente, está em Capricórnio na casa 9 e em conjunção com Netuno. O que aí se expressa nos dá uma orientação sobre quais serão os temas que a pessoa terá a possibilidade de realizar ou de levar a uma manifestação concreta no mundo dos fatos. Para a mãe, porém, seria: Aquário na casa 1 com Saturno regente da casa 1 presente na casa 1, Urano regente da casa 1 presente na casa 12 com Netuno (porque a casa 9 da pessoa é a casa 12 para a mãe). Sobre sua casa 1 está a casa 6, e isso indica que sua atenção pessoal estará voltada para o seu corpo, para o trabalho ou para questões domésticas; sobre a casa 2 está a casa 7, na casa 3 está a casa 8, na casa 4 está a casa 9, na casa 5 está a casa 10, na casa 6 está sobreposta a casa 11, na 7 a 12, na 8 a 1, na 9 a 2, na 10 a 3, na 11 a 4, na 12 a 5.

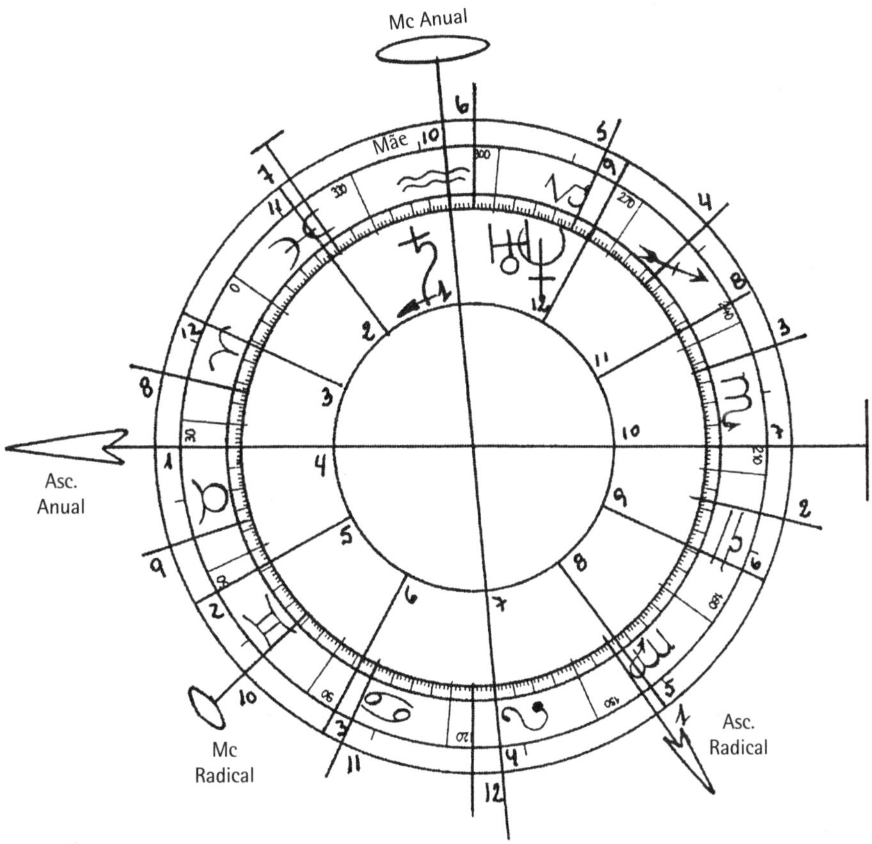

A mesma domificação e sobreposição para o irmão será: a casa 3 do ano é sua casa 1, e sobre ela está a casa 11; na casa 2 está a casa 12; na 3 está a casa 1; na 4 está a casa 2; na 5 a 3; na 6 está a 4; na 7 está a 5; na 8 está a 6; na 9 está a 7; na 10 está a 8; na 11 está a 9; na 12 está a 10.

Vemos que entre os planetas que pusemos no exemplo anterior estão: Saturno, regente de sua casa 8, presente na 8, e a conjunção de Urano e Netuno em sua casa 7, sendo os regentes das casas 8 e 9, respectivamente.

Pode-se interpretar o irmão, por exemplo, com sua atenção voltada para planos e projetos, temas de amigos ou grupos; isso poderia indicar um cuidado com o dinheiro ou com a economia ou com o seu modo de lidar com o concreto, etc. (a casa 12 sobre a casa 2). Temas relacionados com outras pessoas que poderiam ser sócios, parceiros ou questões legais, contratos e tudo que seja relacionado com dinheiro, que seguramente tenderá a travar ou retardar: Saturno na casa 8 regente da casa 7 e Urano e Netuno na casa 7, levando os temas das casas 8 e 9 pela regência. Esta é uma breve descrição do modo como interpretamos este tema.

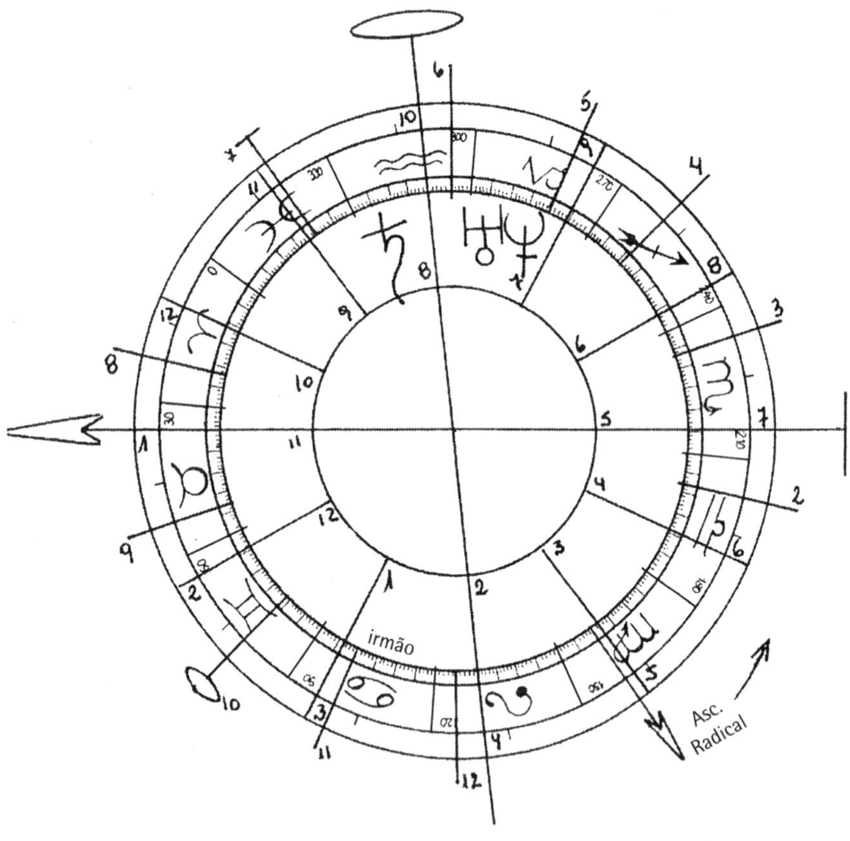

Se acrescentamos a isto, que desenvolvemos para explicar as sobreposições nas derivadas, a interpretação de sobreposições dada em outro capítulo, vocês poderão observar e comprovar sua eficácia e a realidade de ação na vida humana.

Muitas vezes, as pessoas vêm à consulta preocupadas com alguém que faz parte do seu mundo. Graças a esta técnica, podem-se esclarecer muitas dúvidas, angústias ou dificuldades que o nativo tenha com as pessoas ligadas a ele. Até mesmo pode-se ver para elas o mesmo que com o radical para a pessoa, ou seja, temas de saúde, de trabalho, com os filhos, com o parceiro, assuntos ligados à economia, etc.

A investigação e a permanente prática de muitos anos nos demonstram que não é só o modo como a pessoa vê os outros, mas que essas pessoas expressam qualidades, tendências e temas que podem viver concretamente em suas vidas. Poderiam perguntar-nos para que serve saber isso, e responderia que, se isso dá à pessoa a possibilidade de ampliar e de enriquecer sua consciência ao entender o que acontece com ela em relação a determinado vínculo, então é útil. Se permite que ela tenha mais compreensão sobre o que estão vivendo os seres próximos e aprender a comportar-se conscientemente em determinadas situações relacionadas com as pessoas que compõem o seu mundo, e ver como essas situações vão movimentar, disparar ou pôr em ação suas próprias modalidades ou áreas a serem trabalhadas, então também é útil. Se a leva a se conscientizar de que em cada um desses vínculos há partes dela mesmo funcionando, também é útil. Tudo o que acrescenta alguma coisa à consciência individual ou a amplia vale a pena.

É claro que, para trabalhar isso, é preciso desenvolver a etapa anterior, ou seja, as derivadas, e mover-se nelas com a maior fluidez e rapidez possíveis. A prática é o único meio para consegui-lo e para acostumar a mente e o olhar a dar voltas pelo zodíaco a fim de desenvolver a capacidade para a associação e dedução. Isso torna a mente ágil, cada vez mais aguçada e, longe de dispersá-la, a concentra e focaliza cada vez mais.

Em seu livro *Astrología Judiciaria*, Eudes Picard diz:

..."Quando o astrólogo entra nas 144 tendas das domificações, sabe de antemão que encontrará todos os artigos que interessam a seu cliente, mas também sabe que o cliente não precisa de todos os artigos de uma só vez. Portanto, se limitará a distinguir somente aqueles que são necessários."

Temos de esclarecer que as 144 tendas a que se refere Picard são as doze casas multiplicadas por doze, porque no livro ele trabalha com o sistema de casas derivadas.

OS NODOS NA REVOLUÇÃO SOLAR

Os nodos da Lua — porque existem também os nodos dos planetas — são interpretados pelas casas do radical ou Mapa Natal em que se deslocam por trânsito com seu movimento regular, que é em retrogradação. São interpretados também nas casas da Revolução Solar do ano em que cai o eixo dos nodos.

Os nodos são os pontos de tomada e de descarga de energia, sendo um o caminho para o espírito e o outro o caminho para a matéria.

É um eixo de trabalho interno e, realmente, tem comprovada eficácia, força e contundência, tanto no radical como na Revolução Solar. É o eixo do destino. É um eixo kármico: é o caminho da Alma.

Assim como são importantes os nodos do nascimento, também é necessário ver por onde se deslocam no radical no momento do aniversário e em que casa do ano (experiência anual) levará a cabo esse trabalho interno que eles propõem à pessoa, casa onde será feita a tarefa de conscientização e onde a integração dos opostos deve ser trabalhada para conseguir o equilíbrio e unir o Céu à Terra.

Consideramos que não é preciso omitir nada no tema dos Nodos — alguns astrólogos pensam que é preciso omitir o Nodo Negativo —, simplesmente porque achamos que na vida temos de somar, isto é, temos de integrar e não de subtrair. Então, essa energia que trazemos como memória inconsciente — o Nodo Negativo —, é preciso equilibrá-la com a energia polar oposta — o Nodo Positivo —, e obter o ponto médio de equilíbrio para poder reunir no centro a totalidade, e não apenas estados opostos. Estar em algum dos extremos é estar em separatividade; trata-se de tornar consciente o Nodo Negativo e integrar, desenvolvendo conscientemente, o Nodo Positivo.

Como bem descreve a imagem, o eixo nodal é um dragão com cauda e cabeça. O trabalho seria desenvolver a consciência da totalidade do dragão e não uma ou outra parte dele.

A cauda do dragão é a memória, o passado, o aprendido, a linha de menor resistência, ou a linha por onde fluem as condutas pessoais, que nem sempre são indicadoras de que foram bem aprendidas. Muitas vezes é necessário revisá-las. Revisar as condutas que temos e como ocorrem, em que travam o novo aprendizado, e também como usar conscientemente a bagagem de conhecimentos adquiridos.

As novas mensagens, os novos aprendizados, os novos modelos são recebidos pela cabeça do dragão. Porém, tomar continuamente o novo sem poder largar, ou adquirir conhecimento sem poder comprovar se se aprendeu, não serve. Como tudo o que acontece no plano material, a comprovação tem que ser levada a cabo, realizada, e para isso existe o Nodo Negativo ou cauda do dragão. Esta não só é a energia que trazemos como memória, mas também o lugar onde vamos materializar os novos conteúdos que adquirimos no Nodo Positivo. Chegar ao equilíbrio polar não é tarefa fácil, mas não é impossível; enquanto isso não acontece, ficamos divididos.

À medida que se começa a trabalhar, pode-se oscilar de um extremo a outro do eixo nodal. Possivelmente, no início da tarefa hercúlea a que adentramos com os nodos, os extremos serão mais violentos, mais extremados, mais polares, e somente à medida que prosseguirmos e persistirmos poderemos comprovar que as condutas extremas se suavizam até chegar a um equilíbrio sutil, em suave oscilação de um nodo ao outro.

Os dois nodos são úteis e necessários.

Na Revolução Solar, além de trabalhar o trânsito dos nodos do momento do aniversário, também podemos ver em que casas do ano cai o eixo nodal do mapa radical. Exemplo: no Mapa Natal o eixo nodal está a 15° de Câncer, o Nodo Positivo, e a 15° de Capricórnio o Nodo Negativo, nas casas 1 e 7. Estas casas radicais se sobrepõem às casas 10 e 4 no mapa do ano. Dizemos então que, no ano, esse é nosso eixo de vida ou o caminho da Alma que estamos vivenciando e expressando através dessas casas anuais. Esse modo de interpretar os nodos mantém a relação e o intercâmbio mútuo e fixo que os nodos têm com o Sol radical; e se vê como em cada ano se experimenta em diferentes lugares aquilo que é o trabalho interno que cada um tem de realizar. Isso que acabo de desenvolver está relacionado com o Mapa do Dragão. Em síntese, deixamos fixo o nodo de nascimento e o interpretamos de acordo com as mudanças de casas nas sucessivas revoluções solares.

O trânsito do nodo no momento do aniversário tem uma dupla função ou um duplo movimento: a) com relação à sua própria posição no Mapa Natal; b) com o Sol radical, mantendo e realizando com ele diferentes ciclos ou etapas no interior.

a) O trânsito dos nodos no momento do aniversário é um trânsito geral, ou seja, é igual para todos e, como trânsito geral, tem como ponto de partida e retorno 0° de Áries. Particularmente, porém, para cada pessoa representa uma etapa dentro de seu ciclo completo, que tem como ponto de partida e retorno o próprio nodo do nascimento. O ciclo completo, portanto, tem doze etapas de desdobramento e desenvolvimento. O nodo transita um ano e meio por signo; cada vez que o nodo chega ao mesmo grau e signo que tem o nodo de nascimento, a pessoa chega ao ponto mais alto de uma fase ou etapa de aprendizagem e começa outra com seu ciclo nodal. Os primeiros trinta graus posteriores a um retorno, ou depois do nascimento, correspondem à fase ariana do nodo, os segundos trinta graus correspondem à fase taurina do nodo, e assim sucessivamente, até dar o giro completo. Se continuarmos com o exemplo anterior: Nodo Positivo a 15° de Câncer, o primeiro retorno se produz aos 18 anos e 8 meses e o segundo aos 37 anos e 3 meses aproximadamente. Quando o nodo chega a 15° de Gêmeos, termina a fase ariana e começa a taurina; quando chega a 15° de Touro, termina a fase taurina e começa a geminiana; quando chega a 15° de Gêmeos começa a fase canceriana, e é aqui que se produz a primeira quadratura (que por aspecto é) crescente, e assim sucessivamente. Nos anos em que o nodo em trânsito faz bons aspectos com o nodo de nascimento (trígono, sextil, quintil, biquintil, etc.) estará mais facilitado ou fluido um trabalho interior, e os anos em que a conexão entre eles se produz com aspectos duros ou de atrito (quadratura, oposição, sesquiquadratura) serão anos de maior tensão. A tensão vai depender da consciência conquistada, pois pode ser vivida como ação e atividade produtiva, como possibilidade de compreensão.

b) O nodo em trânsito realiza com o Sol de nascimento — nas sucessivas revoluções solares — um processo de movimento do interior. O Nodo Positivo é a porta de entrada para o interior ou Mapa Dracônico. Cada ano podemos ver o que cada um está trabalhando no seu íntimo. Exemplo: um Sol de nascimento em 11° de Escorpião, quando o nodo em trânsito chega a este grau (conjunção do nodo positivo com o Sol radical) a pessoa começa um novo ciclo, sendo esta a fase ariana ou período interno para inícios ou novos empreendimentos, etc. Quando o nodo em trânsito chega a 11° de Libra, começa para essa pessoa uma etapa interior relacionada com a energia do signo de Touro. Quando o nodo chega aos 11° de Virgem, o propósito, o sentido e a consciência (o Sol) está trabalhando no interior uma fase ou ciclo geminiano. E assim sucessivamente, até o nodo chegar novamente ao grau do signo solar.

Outros momentos interessantes para o estudo dos nodos na Revolução Solar são quando o nodo positivo ou o negativo em trânsito fazem aspecto de conjunção (o mais importante) ou outros aspectos com os planetas radicais em geral; e, talvez, devêssemos prestar mais atenção quando o trânsito nodal chega aos planetas regentes dos nodos do nascimento. Seguindo com o nosso exemplo anterior, seriam a Lua e Saturno radical.

OS NODOS E O KARMA

Cada pessoa traz uma memória inconsciente que tende a repetir de modo mecânico. Essa memória é o seu Destino Individual ou Karma. Grande parte da tarefa interior da pessoa para chegar a ser ela mesma consiste em tornar consciente essas condutas, mecanismos ou tendências.

Os elementos que a tradição astrológica dá como fatores kármicos são a casa 12, o eixo nodal e o planeta Saturno. No processo de estudo e investigação do Karma começamos relacionando-os da seguinte forma: seguindo o método das casas derivadas, partimos da casa 12, que representa o destino individual. Pouco importa se este se deve à vida imediatamente anterior ou a um acúmulo de várias vidas em que repetiu a mesma coisa, ou a alguma vida anterior que não seja a última, ou à memória genética. Qualquer uma das possibilidades é relevante. O que importa é poder reconhecer e trabalhar tudo o que está contido ali, fazendo-o consciente. A domificação completa para essa derivada nos deu uma visão em sua totalidade das tendências inconscientes. A não ser que se torne consciente, cada pessoa repete a história a partir da domificação da casa 12 por derivadas. Quando isso acontece, a pessoa pode manipular e utilizar com mais consciência a potencialidade guardada. Vemos também o que o destino individual pede a cada pessoa. Essa derivada é interpretada do mesmo modo que se interpretaria uma domificação radical, com os signos que estão em cada casa, seus regentes e o lugar onde estão presentes para essa setorização. Partimos da casa 12 e localizamos, a partir dela, a posição de Saturno e o eixo nodal. Chegamos a comprovar na prática que essas posições implicam outros planos internos ou dimensões do Ser mais profundas, e que as dificuldades ali expressadas são mais inconscientes ainda que o trabalho que deve ser feito com Saturno e os nodos, no radical. Isso exige da pessoa uma tarefa interna mais sutil, uma tentativa mais fina, para perceber os mecanismos.

Pelo que vocês podem comprovar, essas posições ficam nas mesmas casas que mudam de significação, já que, vistas a partir da casa 12, estarão uma casa mais à frente da que ocupavam no radical. Assim, por exemplo, se Saturno está na casa 10 do radical, estará na 11 na derivada de 12 (ou seja, o Karma). Se o eixo nodal está nas casas 1 e 7, a partir do Karma o veremos nas casas 2 e 8. O ciclo da roda zodiacal começa em Áries ou na casa 1, e cada signo e cada casa mostram uma etapa dentro da totalidade. Assim, por exemplo, Sagitário é a etapa anterior a Capricórnio e a casa 9 é a etapa anterior à casa 10 (essa digressão é para explicar o porquê de nossas deduções). Isto nos leva a pensar que a posição de Saturno e os Nodos no radical mostram aquilo que se tem que revisar como etapa prévia para ver o porquê da dificuldade a partir do Karma (ou derivada da casa 12). Seria interessante esclarecer que estamos mesclando tempos, pois a casa 12 nos fala do passado e o radical fala do presente evolutivo da pessoa. Toda pessoa, porém, vem com um antecedente que é sua memória inconsciente; portanto, não podemos deixar de ver qual é essa memória e como age profundamente no seu presente, no aqui e agora, no devir de sua vida. Os astrólogos sabem que as posições de Saturno e o eixo nodal implicam esforços individuais e uma tarefa específica. À medida que essa tarefa se realiza, obtém-se como conseqüência uma conquista que habilita o crescimento do interior com o conseqüente processo de individuação. Se houve alguma dificuldade no passado com os temas da casa 10, o sujeito nasce com a possibilidade de rever os temas da casa 9 (posição radical), isto é, sua autoconfiança, sua conexão com o interior ou superior, suas crenças inconscientes, sua visão ou cosmovisão da vida, para poder voltar, uma vez feito esse trabalho, e transcender as dificuldades mais arraigadas indicadas pela posição a partir do Karma (que seria a casa seguinte). Nesse caso específico, superar o medo ou obstáculo ao social ou à projeção de si mesmo na comunidade. Parece-nos significativo que a pessoa com Saturno na casa 9 radical tenha tanto medo, temor, ou dificuldade com o poder e o êxito social, e que tenha tendência para a anulação de si mesmo, temas indicados por Saturno, que — a partir do Karma — está na casa 10.

Acontecimentos não conscientemente escolhidos, provocados por uma instância superior de si mesmo, que sabe o que cada um "necessita" para continuar progredindo, crescendo e aprendendo, são produzidos, às vezes, tanto no mapa radical quanto na Revolução Solar. Chama-se Destino a essa totalidade que sabe quais experiências o ser necessita viver. E isso que é tão temido não é algo que esteja fora da pessoa, mas, ao contrário, é também parte dela mesma.

Sabemos pouco desse si mesmo, apesar de estarmos cada vez mais nesse caminho que, como todo caminho, é para ser percorrido, transitado. Aqui seria um transitar-se a si mesmo, um vivenciar-se, um experimentar-se, um saber de si, um despertar à VIDA que cada um possui como patrimônio cósmico. Este caminho nos une com a interioridade e nos permite saber que Um está fora tanto como está dentro ou que Um está no mundo tanto como o mundo está em Um. Como diz o Tao Te King: "Pode-se conhecer o mundo sem sair de casa..." Como se pode estar com o outro se não se pode estar consigo mesmo, como vai produzir-se o encontro fora se não houve um encontro dentro? Como se pode entender, falamos de essências e não de formas.

Gosto da associação de imagens entre a pessoa e um edifício: a pessoa vive no térreo e sabe o que se passa no seu andar, no seu plano, mas não sabe o que se passa nos andares ou planos superiores, que também estão em movimento, funcionando e agindo. Mais ainda, há vezes em que a pessoa está totalmente desligada do que acontece no "seu" edifício; ela entra e sai do térreo e o resto não lhe interessa, ou seja, não existe. No entanto, sabemos que existe. Chamamos a isto, esotericamente, "estar adormecido". Despertar seria começar a percorrer cada um dos andares do edifício, ou seja, os planos da própria totalidade. É o encontro com a liberdade interior.

O eixo nodal tem uma clara relação com o Sol, a Lua como intermediária e a Terra (o corpo) e a nossa capacidade para materializar. O Nodo Positivo é a Lua abrindo-se a seu espírito reitor, o Sol, que é caminho para a identificação com o superior em nós. O Nodo Negativo é o caminho para a matéria, a Lua é matéria, é apego, também podemos materializar, ou seja, expressar no plano material aquilo que se abriu na conexão com o Nodo Positivo.

Exemplos:

1. Nodo Positivo em trânsito sobre a casa 7 anual e o Negativo na casa 1: a tarefa estará relacionada com os vínculos em geral, com a forma de intercâmbio e o modelo ou padrão de conduta social (Nodo Positivo). A descarga (Nodo Negativo) será feita na própria pessoa. Deve-se conquistar o equilíbrio entre o eu, os próprios desejos e formas de agir ou decidir (casa 1) e os outros (casa 7) com suas próprias modalidades. Visto a partir da casa 12, a posição muda para a casa 2 no Nodo Negativo e na casa 8 no Nodo Positivo. Nesse caso, a descarga estará nas questões econômicas, os apegos e a segurança ou, possivelmente, nas condutas pessoais muito arraigadas e resistentes à mudança. A tarefa (Nodo Positivo) é trabalhar sobre as mudanças e os temores a elas e às perdas, aprendizagem com entrega. Temos comprovado que esse eixo é o mais envolvido nos temas de possessão, controle e maus-tratos e que, no fundo, o maior temor está relacionado com o poder. Quando o Nodo Negativo está na casa 1, a pessoa poderia mostrar uma forma aparentemente solidária e social até que essa aparência deixe de ser uma forma e passe a ser uma realidade. Para isso a pessoa deve aceitar o outro tal qual é e não de acordo com seu critério de que as coisas ou pessoas devem ser como ela quer, deseja ou necessita. Respeitar será o seu maior aprendizado. A partir do Karma, vemos que a realidade é a impossibilidade de soltar a própria forma, seus desejos, suas necessidades e o medo de cair nas mãos dos outros. Essa posição do eixo nodal dá condutas muito controladoras ou manipuladoras do outro, talvez com boas intenções de ajuda, mas de acordo com o que a pessoa pensa ou acha que o outro tem que fazer.

Se o eixo nodal está invertido, isto é, com o Nodo Positivo na casa 1 e o Negativo na 7 (casas 2 e 8 a partir do Karma), a pessoa pode aparecer diante do mundo muito confiante em si mesma. Se observarmos com a mente aberta, veremos que, sob essa aparência que ela mostra, sua conduta interna é de estar dependente do outro, do que este faz, sente, do que lhe acontece, do que diz, do que pensa, do que necessita, etc. Essa pessoa cai facilmente na dependência ou condicionamentos externos porque está na casa 7 do ano ou radical, mas como, a partir do Karma é a casa 8, sua conduta mais inconsciente será uma fina e aguda percepção das condutas dos outros, se estas forem de controle e maus-tratos ou desejos de possessão. Sua resposta poderia ser inconscientemente maltratar os outros. A tarefa, então, seria trabalhar sua pessoa afirmando o seu eu; seu destino individual pede-lhe que aprenda a construir, a ver mais suas necessidades, recursos ou valores, já que o concreto lhe é custoso.

Esse eixo é o mais envolvido no tema do opressor-submisso. Pode-se pensar que o eixo 2-8 do radical expressaria esse tema; mas, para nós, esse eixo envolve outras coisas que mostraremos no exemplo seguinte:

Nodo Positivo na casa 2 (3 a partir do Karma) e Nodo Negativo na casa 8 (9 a partir do Karma). Não vamos nos estender na significação do radical, porque há muitos textos sobre o tema. O problema de fundo da pessoa é a sua comunicação. A tarefa interior é ver seus valores e recursos mentais, intelectuais, flexibilizar seu pensamento e sua comunicação, verbalizar ou expressar seu pensamento será a sua maior busca. Este eixo traz uma conduta julgadora, com preceitos, idéias, crenças rígidas que podem chegar ao fanatismo, um certo ar interior de superioridade, fé e fortes aspirações de elevação.

Nodo Positivo na casa 8 (9 a partir do Karma) e Nodo Negativo na casa 2 (casa 3 a partir do Karma). A comunicação e a racionalização ou pensamento racional não lhe custam nada. Sua tarefa é trabalhar a fé ou a visão mais ampla, a intuição, a abertura de consciência do espírito, romper com os moldes mentais racionais e abrir-se ao abstrato, a outros planos de compreensão de conceitos ou concepções para poder ver a totalidade.

SOBREPOSIÇÃO DE SETORES OU CASAS

Realizaremos as sobreposições localizando as 12 casas do ano sobre as 12 casas do radical. Dessa forma, poderemos observar melhor o processo global. Primeiro, veremos o gráfico inteiro de um mapa sobre o outro, o que denominamos visão global. Logo, as analogias pela sobreposição de cada uma das casas — que desenvolvemos simplesmente para facilitar a capacidade dedutiva e associativa de cada um — e integraremos a tudo isso os signos, planetas com os aspectos, suas presenças e regências.

Entendemos os primeiros seis setores como a base, o fundamento do mais individual e também do mais simples que existe na pessoa. Os seis setores acima do horizonte envolvem áreas ou tramas vinculares mais complexas.

Diante de qualquer problema ou dificuldade em algum dos setores superiores, deve-se analisar a causa do desajuste no setor oposto a ele, ou seja, abaixo do horizonte.

Um velho amigo astrólogo, com quem compartilhamos longas horas de conversa e investigação, dizia que os primeiros seis setores são os ingredientes para se fazer um bolo: farinha, ovos, fermento, açúcar, raspa de limão, etc.; e os seis setores acima do horizonte são o bolo já feito. Essa é uma imagem simples, mas gráfica e clara para compreender o funcionamento dos setores e seus eixos.

Exemplos ilustrativos:

Problemas na casa 11. Deve-se observar ou analisar a base dela que é a casa 5. Não se pode agir de forma desinteressada, impessoal, fraterna e descentrada, com consciência de serviço, se o ego não está trabalhado. Não se pode descentralizar sem primeiro ter criado ou conscientizado esse centro por meio de um processo de autoconhecimento. Como dizia Freud, sem passar pela ferida narcisista. Dessa maneira, aprende-se que o centro pode girar num grupo, sem importar a dimensão deste, e que continua sendo o centro de si mesmo e do próprio universo, já que o compartilha com o grupo sem se perder ou sair de si. Estaremos longe de compreender a pertinência ao grupo se o sentido de pertinência não se desenvolveu primeiro com relação a si mesmo. Somos um e somos grupo.

Problemas na casa 8. São reflexos das dificuldades com relação à casa 2. Área onde devemos encontrar-nos com nossos valores, recursos e necessidades. Não é possível alimentar-se permanentemente sem soltar ou evacuar no oitavo setor. É um processo de digerir o que entra, o que alimenta, o que serve, o que dá segurança e afirma a pessoa, e o que deve sair. Aquilo que não serve é o que mais deve sair, deixando lugar para o novo. O processado como valor ou recurso pessoal deve ser utilizado para cobrir necessidades ou valores do social. O que alguma vez nasceu, estabeleceu-se, consolidou-se e se cuidou, em algum momento deverá morrer para deixar lugar ou espaço para que se produza o maravilhoso processo da vida. Isso seria compreender o seu sentido.

VISÃO GLOBAL

As sobreposições das casas anuais com as do radical são muito importantes na Revolução Solar. Se nas casas anuais vemos globalmente como agem as casas do radical, teremos uma visão geral dos temas do ano que se destacam fazendo uma interpretação de suas qualidades elementares. Isto é, observar como se distribuem, onde se encontram os três setores correspondentes a cada um dos elementos do mapa radical sobre os setores do ano. Dessa maneira, faz-se uma inter-relação elementar: os três setores de Fogo radical podem localizar-se nos de Água, de Terra, de Ar ou nos de Fogo do ano. Os três setores de Fogo do ano 1, 5, 9, que são os indicadores do trabalho da identidade ou do eu em suas três modalidades, estarão em relação com o elemento pelas casas do radical que se está sobrepondo a eles.

Exemplo: Sobre as três casas de Fogo do ano (casas 1, 5 e 9) estão as três casas de Água do radical. Sendo assim, a sobreposição de todo o mapa é a seguinte: sobre as três casas de Terra do ano (casas 2, 6 e 10) estão as três casas de Fogo do radical; sobre as três casas de Ar do ano (casas 3, 7 e 11) estão as três casas de Terra do radical e, por último, sobre as três casas de Água do ano (casas 4, 8 e 12) estão as três casas de Ar do mapa radical. Neste ano, tudo o que se relaciona com o eu e a identidade nas suas três modalidades: casa 1, eu pessoal (desejos); casa 5, eu social; e casa 9, eu espiritual; estará num processo de mudança ou transformação (8) sobre a 1 anual, dissolução (12) sobre a casa 5 anual e de finais e inícios (4) sobre a casa 9 anual. As emoções, a psique e as questões contidas nas casas de Água do radical estarão sendo elaboradas como tarefa do eu. O eu que se afirma, ou que está voltado para trabalhar o interior (o psíquico, as emoções, os medos) ou trabalhará as condutas inconscientes. Se o Fogo radical está sobre a Terra anual, as concretizações, materializações e realizações estarão referidas ao impulso, à iniciativa, à afirmação e à expansão. Aquilo que toma forma ou que se quer materializar ou levar a cabo no ano está relacionado com a afirmação do eu e a confiança. Sobre os três de Ar estarão os três de Terra, indicando que o que se estará pensando, elaborando racionalmente está ligado ao dinheiro, às necessidades, aos recursos, ao trabalho e às realizações, às empresas ou às metas da pessoa. Por último, tudo o que está relacionado com os vínculos estará em um processo de dissolução, de começos e de transformação, porque as três casas de Água do ano estão sobrepostas às de Ar do Mapa Natal, ou seja, sobre a casa 12 anual está a casa 7 radical, sobre a casa 4 anual está a casa 11 radical e sobre a casa 8 anual está a 3 radical.

Os três setores de Fogo trabalham com a identidade, com o eu, a afirmação, a vontade, a fé e a confiança, a auto-estima e a criatividade individual.

Os três setores de Terra falam das diferentes formas de concretização, materialização, conquistas concretas; falam de trabalho, de realizações, de ambição de ver uma meta cumprida, um projeto, etc.

Os três setores de Ar expressam as relações em geral, as comerciais, as relações públicas, as relações íntimas, as relações com colegas e com amigos, as

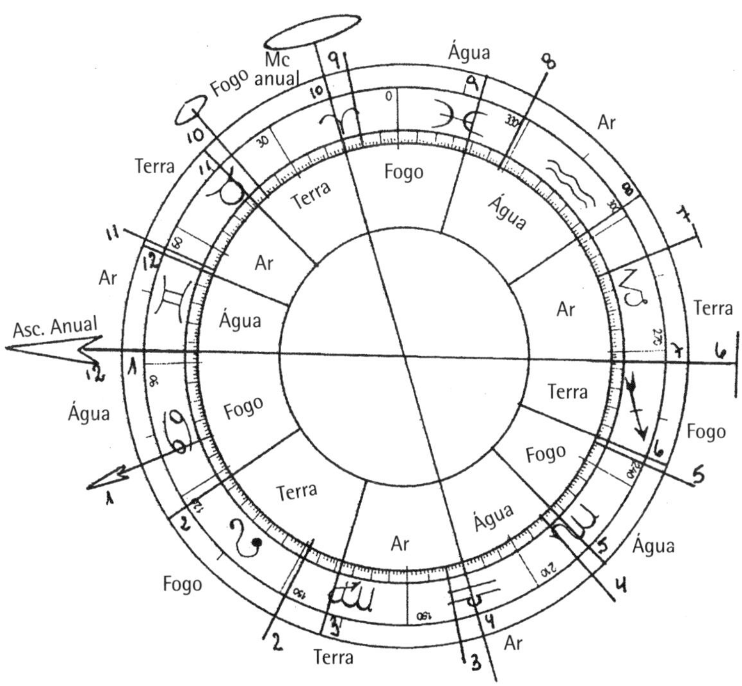

formas de fazer contato e de conectar-se com as pessoas, com as idéias, a capacidade de adaptação ao social ou de trabalhar com o social (sociabilidade).

Os três setores de Água mostram as emoções, o funcionamento da psique, a sensibilidade. Cada um na sua forma, dissolve, transmuta ou permite o início de novos ciclos.

ANUAL 1 NA RADICAL 1

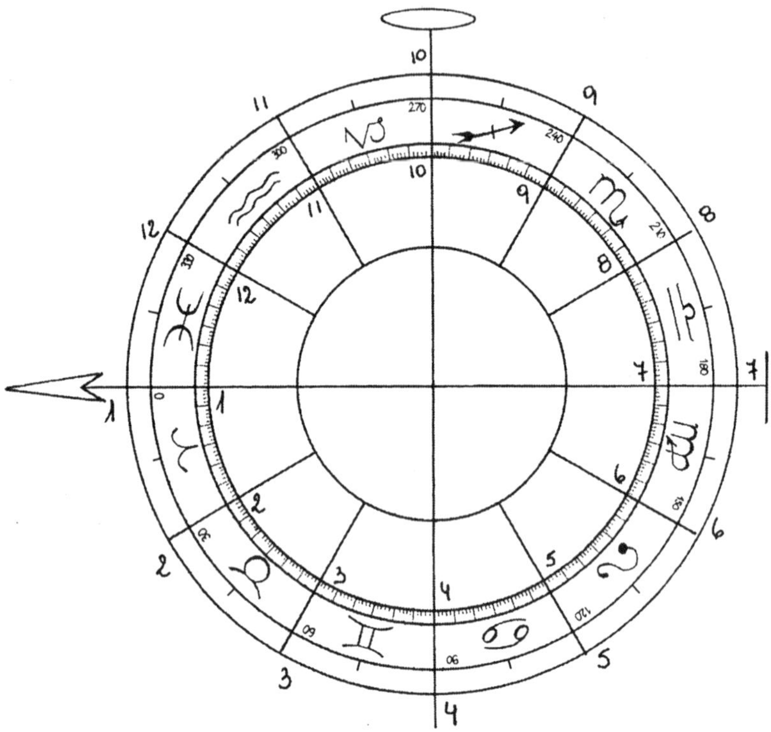

Quando os setores do ano se sobrepõem aos mesmos do radical, reforça-se a orientação geral do radical, e eles vão ser interpretados, fundamentalmente, pelas regências e presenças. Observa-se de onde vêm presentes do radical os planetas do mapa natal (como trânsito que são) e como se localizam. Esses planetas levarão às casas do ano os temas relacionados com a sua ou com as suas regências do radical e com as do ano, como também com os temas de sua presença no mapa radical. Vemos como se modifica a energia anual em orientação e qualidade. O mesmo acontece em todas as interpretações, mas, nos anos em que não se pode tirar analogias pela sobreposição dos setores, coloca-se a atenção especificamente nos planetas e nos aspectos.

Os setores, às vezes, se sobrepõem aos do radical, mas movidos apenas uns graus sobre o outro setor; mesmo que seja 1 ou 2 graus de orbe, é importante e deve ser interpretado. Por exemplo: quando o Ascendente do ano está a 3 graus acima do Ascendente radical (ou seja, ainda na casa 12) esta casa marca a tendência anual.

Ascendente anual na radical 1

Indica um ano em que a atenção pessoal estará voltada para si mesmo, reforçando as tendências e a forma (Ascendente) que a pessoa tem para se desenvolver na vida. Também as mudanças que essas condutas podem ter no ano pela localização do regente do tema (que pode estar em um signo ou casa diferente). Essa sobreposição traz a possibilidade de movimentar-se com mais liberdade ou livre-arbítrio, a menos que essa orientação não esteja indicada nem no radical nem pelas posições planetárias no ano. Assim sucessivamente com o resto dos setores: casa 2 sobre casa 2, casa 3 sobre casa 3, casa 4 sobre casa 4, etc.

ASCENDENTE ANUAL SOBRE A RADICAL 2

Quando esta sobreposição acontece, a pessoa estará dependendo de seus recursos, de seus valores, de sua economia e de suas necessidades. Ela deveria trabalhar conscientemente para ver o que quer, de que necessita, o que deseja; deveria perguntar a si mesma, diante de cada circunstância, se é isso o que quer ou necessita.

Os temas econômicos e sua relação com eles: como funciona seu princípio de economia, necessidade de revisar algo da própria tendência com respeito ao pecuniário, pois a mesma relação que tem com o dinheiro terá quanto ao uso de sua energia vital, a utilização de seus valores ou recursos internos. Cuida tanto deles que é um avaro de sua interioridade? Descuida-se ou brinda-se tão irrefletidamente que perde ou dissolve seu patrimônio energético?

A pessoa poderia tomar consciência de sua atitude básica com relação a estes temas.

O desejo pessoal orientado para a necessidade de segurança, de estabilidade. Ano para desenvolver uma atitude mais permanente ou ter mais constância. Ano em que é preciso ir mais devagar, mas avançando com segurança.

Anual 2 na radical 3

As necessidades profundas do ano estarão relacionadas com os estudos, o desenvolvimento mental ou intelectual. Afirmação da mente por meio de cursos, oficinas, seminários. As necessidades profundas orientadas para a escolha da carreira ou estudos para uma profissão futura.

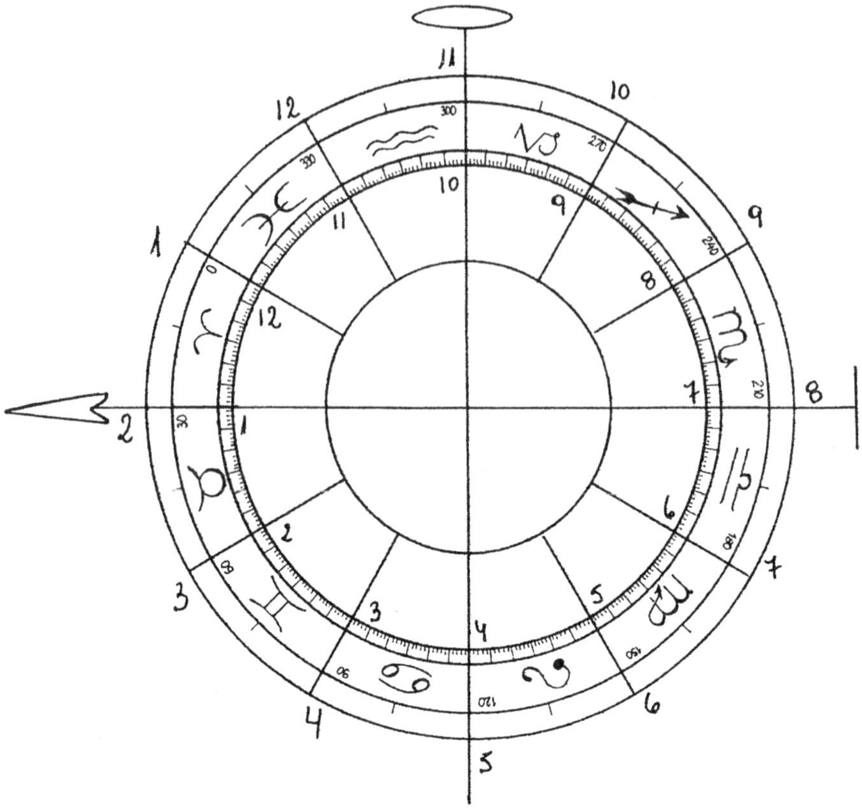

Dinheiro ganho pela ativação de diferentes meios ou formas de comunicação social, pelo ensino, pelo comércio, pelas relações públicas. As finanças poderão depender das relações públicas da pessoa, como também dos contatos ou conexões que consiga estabelecer. Pode-se pensar em mobilização da parte econômica para a promoção ou publicidade da atividade pessoal. Mobilização da parte econômica por compras e vendas. Solução de questões econômicas com irmãos. Necessidade de colocar em ordem os papéis relacionados com temas econômicos ou de valores.

Dinheiro ganho por movimentos ou deslocamentos; a atividade permitiria viagens curtas ou estas poderão ser parte das necessidades profundas do ano.

A pessoa precisará desenvolver, desdobrar ou usar seus recursos mentais ou sua capacidade para os relacionamentos e a comunicação.

Anual 3 na radical 4

Mentalmente, está pondo fim a uma etapa e começando uma nova, relacionada com os estudos, os aprendizados, a forma de se expressar ou de se comunicar, como também a de ouvir os outros.

Início de novos estudos. Nova etapa relacionada com o ordenamento da mente por tratamentos terapêuticos. A pessoa poderia pensar e revisar seu passado individual, suas lembranças, vivências, questões familiares, etc.

Fins e começos para as relações com irmãos, com o mais velho deles ou com o mais novo, se a pessoa for o mais velho. O irmão dependente dos temas familiares ou com desejos de mudança.

A pessoa estaria pensando em concretizar suas necessidades de comprar ou vender bens imóveis, porque o pensamento estará relacionado com mudanças.

Anual 4 na radical 5

Fim de uma etapa e começo de outra para: nascimentos na família, no ano. Poderia ser nascimento do primeiro filho da pessoa. Com filhos já nascidos, indicaria as mudanças no relacionamento com eles. Para os processos da criação ou da criatividade individual. Para possíveis trabalhos relacionados com crianças e tudo o que esteja ligado a elas, jogos, recreação, saídas.

Alegrias na família motivadas por casamentos, nascimentos, presentes familiares, noivados, etc.

O início de uma nova consciência relacionada com a identidade, com a consciência individual. Deve-se verificar em qual setor se encontra presente o Sol no ano e que setor rege, para confirmar as mudanças com relação à consciência individual ou à afirmação da identidade da pessoa num novo ciclo.

Anual 5 na radical 6

Preocupação com a saúde do filho mais velho, pelas suas mudanças físicas, sua alimentação ou seu desenvolvimento em questões de exercícios ou esportes; se for mais adulto, seria também pelo seu trabalho, porque aí estarão suas decisões ou desejos.

Se não tem filhos, se é ano de gravidez para a mulher ou do primeiro filho para o homem, poderiam surgir ansiedades (casa 6) pela saúde do filho em formação. A pessoa deveria trabalhar essas ansiedades ou inquietudes para que não a perturbem.

Organização de festas, eventos ou questões agradáveis como temas de trabalho.

O trabalho relacionado com arte, com a expressão criativa individual, com crianças, jogos, recreação.

Alegrias, presentes ou gratificações pelas tarefas cumpridas.

Afirmação da identidade pelo reconhecimento proveniente da área de trabalho, maior confiança e segurança.

Anual 6 na radical 7

Possibilidade de que o trabalho tenha maior difusão social.

O trabalho relacionado com o parceiro, com sócios, sociedades, instituições.

Discriminação, limpeza e catarse no ano relacionadas com o modelo de vinculação social ou com a consciência do outro, com a forma de compartilhar ou de trabalhar com outros em geral.

Julgamentos ou demandas relacionados com situações trabalhistas.

Convênios, acordos, contratos por assuntos de trabalho.

Os problemas de saúde podem ter sua origem em inquietações e ansiedades provenientes dos vínculos.

Anual 7 na radical 8

Os vínculos, as relações, os contatos, o parceiro, as sociedades, as relações com instituições estão num processo de transformação, como também a capacidade de interagir com outros, de compartilhar.

Possíveis julgamentos ou demandas e dinheiro relacionados com eles. Acordos ou convênios que tenham a ver com dinheiro, dívidas ou obrigações de pagamento; julgamentos por heranças, legados ou por situação previdenciária.

Momentos de crise ou intranqüilidade com relação a mudanças de advogados, contadores ou administradores.

O parceiro estará passando por um período de crise individual, confrontado com um ano em que a decisão de mudar algo criará estados pessoais obscuros, comoção, estado de impenetrabilidade que inquietarão a pessoa dona do mapa.

O segundo filho também estará diante de um ano de mudanças. É preciso ver qual a sua idade para deduzir de onde podem vir. Os temores serão parte do clima pessoal: é preciso eliminar o medo por perdas, sexo, morte, etc.

Anual 8 na radical 9

Como se pode observar na visão global da sobreposição que estamos desenvolvendo, os três setores de fogo do radical estão nos setores de mudança e dissolução do ano. Isso indica que o fazer, a ação, a consciência e o eu, em seus diferentes estados, estão se modificando.

Estamos aqui diante das mudanças relacionadas com a consciência do Eu superior ou mestre interior, com a fé ou confiança colocada nessa conexão. Mudanças de crenças inconscientes por questões espirituais ou por processo terapêutico; mudanças por estudos universitários, superiores ou espirituais, ou pela busca espiritual que a pessoa esteja fazendo. O nível de consciência alcançado está se modificando; transformação da compreensão.

Pode-se verificar também que se produz uma compreensão mais ampla dos temas do oitavo setor, isto é, dos medos, do sexo, da morte.

Morte, mudanças e transformação das aspirações, da visão de mundo ou das idéias que a pessoa tenha a respeito. Mudanças por viagens que abrem a consciência.

Anual 9 na radical 10

Espiritualmente, estarão sendo elaboradas as metas, os planos de vida, a profissão, a auto-imagem projetada na coletividade, a relação com a mãe.

Metas relacionadas com estudos universitários, a ambição de ver realizados os projetos de vida.

Compreensão da ambição ou da forma que possui de realizar objetivos de vida.

Planejamento de viagens pela busca espiritual ou também por motivos profissionais que poderiam levar a pessoa ao estrangeiro.

Realização espiritual.

Realização de aspirações ou dos ideais de viver longe dos grandes centros urbanos; vida ligada à natureza, ao campo, ao silêncio.

Anual 10 na radical 11

O acontecimento concreto do ano está relacionado com o social, com amigos, com grupos.

Renovação das metas, da profissão, do projeto de vida.

A pessoa está fazendo projetos para o futuro, está construindo metas de longo alcance, metas que verão a luz não no ano em curso, porém mais adiante.

Inovação ou utilização dos recursos de originalidade ou inventiva individual. A pessoa pode enfrentar a vida em situações que exijam dela uma adaptação criativa: respostas novas a velhas situações e novas saídas para novas respostas.

Anual 11 na radical 12

As provas estarão relacionadas com amigos, com grupos, com os relacionamentos e com a capacidade para ligar-se: com os colegas, com os médicos ou com os terapeutas. A pessoa verá suas próprias modalidades inconscientes através desses vínculos.

Pode-se deduzir, também, que os projetos a serem realizados no ano podem demorar, ter obstáculos ou dificuldades, porque, possivelmente, este é um período mais propício para projetos de longo prazo.

Possíveis incertezas ou estados confusos para a escolha de novos médicos ou terapeutas. Mal-estar ou situações conflituosas com os preexistentes no momento do aniversário.

Preocupação com algum amigo devido a situações penosas ou difíceis que ele possa estar vivendo. Isso trará à pessoa alguma vivência que seria conveniente capitalizar, porque poderia movimentar algo que esteja associado diretamente com suas memórias inconscientes relacionadas com lembranças do passado.

Anual 12 na radical 1

Nos meus anos de trabalho e investigação, pude comprovar que esta posição marca um ano tão kármico no nível pessoal como quando o Ascendente anual se sobrepõe à casa 12 radical.

O destino individual está pedindo à pessoa que revise, reveja, analise constantemente suas próprias condutas, atitudes, ações e desejos pessoais; sua forma de fazer ou de não fazer; suas ações ou não-ações; sua capacidade para lutar ou não por sua própria existência: um ciclo em que poderiam se dissolver modalidades pessoais. Este ciclo marca a pessoa com momentos de muita introspecção, tratando de compreender o porquê e o para que das dificuldades ou obstáculos que está enfrentando como pessoa.

Todas as situações o levarão a enfrentar-se consigo mesmo.

ASCENDENTE ANUAL NA RADICAL 3

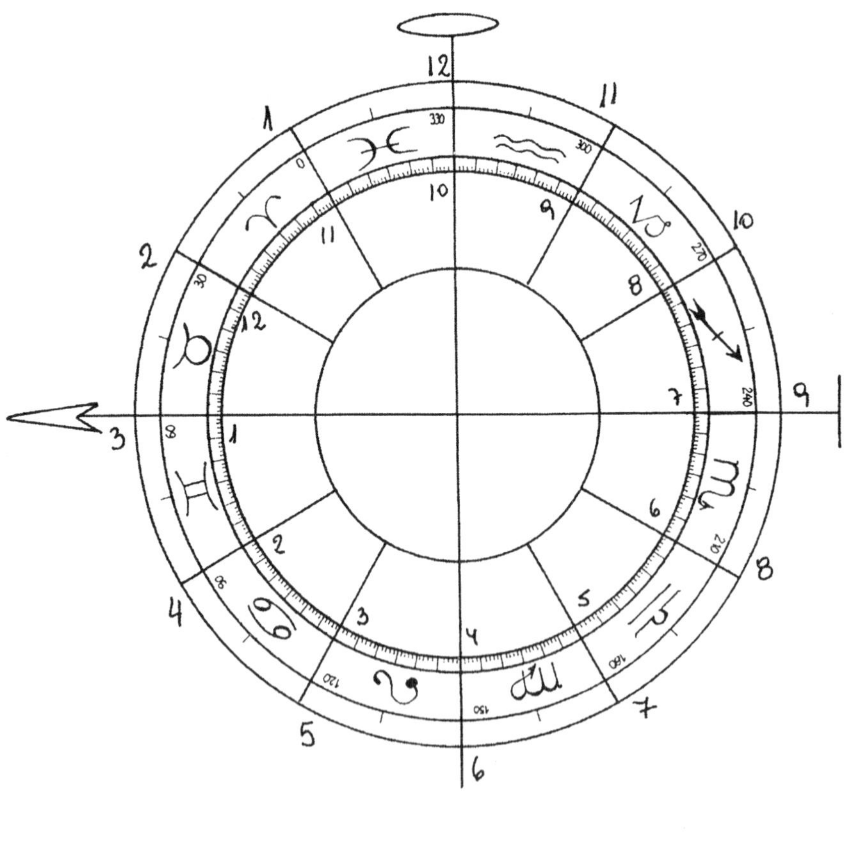

A atenção pessoal se dirigirá para os estudos, a formação mental ou intelectual, as idéias, os pensamentos, a forma pela qual a pessoa fala, se comunica ou se expressa.

Ano de muito movimento, de possíveis viagens curtas. Período para dedicar-se aos escritos, às questões literárias, ao ordenamento mental, para trabalhar as dúvidas ou contradições.

Os irmãos desempenham um papel importante para a pessoa. É preciso olhar Mercúrio e seus aspectos e o Regente do tema anual (que também é o regente da casa 3 radical) para os temas relacionados com estudos, com o estado da mente, com idéias, papéis e com a assinatura de papéis.

Nos anos com esta sobreposição a pessoa pode estar especialmente contraditória — se essa é a orientação do mapa radical — com tendência a ouvir de modo excessivo a opinião do mundo exterior, duvidando e dispersando-se muito por esse motivo.

Anual 2 na radical 4

A economia relacionada com a casa ou com a família. Dinheiro para consertos em casa, para concretizar necessidades profundas, como também para mudar de casa, comprar ou alugar.

Necessidade de resolver questões que vinculem a pessoa com a economia familiar ou com os bens imóveis da família.

Ano em que a pessoa poderia sentir a necessidade de ter seu próprio lugar ou espaço.

Necessidade de revisar o passado.

Dinheiro relacionado com questões de terras, campos, etc.; mobilização da economia por assuntos imobiliários.

Fim de uma etapa e início de outra em temas financeiros ou econômicos. Pode indicar o começo de novas formas de ingresso econômico ou da maneira como maneja a própria economia.

Investimentos para assegurar, arraigar a economia em questões imobiliárias.

Desejo de formar o próprio lar ou família.

Anual 3 na radical 5

A mente, as idéias, os pensamentos girarão em torno dos filhos, de seus estudos e aprendizagem. Pode-se pensar em possíveis mudanças de lugar de estudo dos filhos, fundamentalmente do mais velho.

Pensamentos relacionados com o amor e situações afetivas ou amorosas que esteja vivendo; compreensão do modo de amar, de sentir, de expressar os afetos.

Viagens curtas, prazerosas. Pensamento orientado para projetos de prole.

Mente criativa. Pensará sobre a criação ou criatividade individual. Estudos por prazer ou relacionados com a arte, a criatividade, com jogos criativos, com a literatura, os escritos, questões relacionadas com crianças.

Anual 4 na radical 6

Para a pessoa, seria o indicador de que um ciclo termina e se inicia outro relacionado com o trabalho, com a saúde, com o corpo e com os cuidados que este requeira, tanto por atenção médica quanto por exercícios ou regimes.

Início de um ciclo relativo à própria imagem, confirmado também pela sobreposição da radical 10 na anual 8. Aponta fundamentalmente para o cuidado corporal e a vestimenta, a forma de se vestir (sobretudo se o Ascendente anual é Leão ou Libra).

Preocupação da pessoa com a saúde de alguém da família. Poderia ser o pai. Deve-se checar, por derivadas, as regências dos planetas e seus aspectos para saber de quem se trata.

O pai da pessoa estará atento à sua saúde, como também a questões de trabalho.

Dependendo da idade, o filho mais velho terá problemas com a saúde ou com assuntos de trabalho.

Aqui também podem-se ler mudanças de pessoal, tanto no trabalho quanto no pessoal doméstico.

Quem tiver terras deve cuidar especialmente das semeaduras e dos animais. Possíveis problemas com pragas, mortes ou complicações que ocasionem perdas.

Anual 5 na radical 7

Ano em que os afetos são vividos com certa formalidade ou buscando um compromisso: amor para formalizar um casal, a pessoa não está interessada apenas em sair para divertir-se.

O filho mais velho, de acordo com a idade, estaria com sua atenção voltada para os vínculos: o parceiro, sócios, instituições, dependendo de convênios, contratos ou acordos com terceiros; o conhecimento de si mesmo através do social. Deveria cuidar de sua saúde ou projetos de trabalho que podem sofrer demoras; de todas as formas, isto é parte do seu aprendizado.

Se a pessoa se dedica à arte, poderia ser um ano para maior difusão ou abertura ao social, reuniões, exposições individuais ou coletivas, encontros pela arte.

Anual 6 na radical 8

Mudanças de trabalho ocorrerão durante o ano. Profundas transformações nessa esfera. Se a pessoa trabalha em relação de dependência, esse âmbito poderia estar mudando, com clima ou ambiente crítico ou convulsionado, de acordo com os regentes. Possível desejo de mudar de trabalho, apesar de que só se deve mudar se houver outro que ofereça segurança.

Se a ocupação é independente, estaria diante de um momento de crise de transformação do trabalho, por questionamento deste ou da forma de encará-lo. Possíveis saídas de dinheiro para adquirir máquinas ou instrumentos destinados ao trabalho.

Mudanças da estrutura corporal. Poderia ser um ano que indique tanto o início do ciclo feminino como seu final. Desejos de mudar ou de modificar algo do corpo. Se for cirurgia, deve-se observar tanto Marte com seus aspectos, quanto os regentes da casa 6 anual e radical.

Tensão ou preocupações com animais domésticos.

Mudanças de alimentação ou por exercícios. Inquietude e intranqüilidade com o pessoal doméstico.

Em outro plano, poderia destinar-se a depurar medos, temores, condutas compulsivas ou obsessivas; deve-se alertar a pessoa para que não as somatize.

Anual 7 na radical 9

Projetos de viagens do parceiro ou com o parceiro.

Através do parceiro, a pessoa pode experimentar uma expansão, abertura ou compreensão nova. O parceiro poderia estar num ano de busca espiritual ou de cosmovisão, compreensão, filosofia ou crenças.

Contratos, convênios com estrangeiros ou com o estrangeiro; vínculos com estrangeiros.

Graças ao parceiro ou ao segundo filho, a pessoa experimentará seu nível de consciência espiritual, de compreensão, suas crenças inconscientes, etc.

Anual 8 na radical 10

A mudança refere-se às metas, aos projetos, à profissão ou aos empreendimentos. Ano no qual se pode trabalhar na transformação da auto-imagem projetada no social, da consciência com relação à função que exerce ou do serviço à coletividade. As mudanças relacionadas com a mãe e com o vínculo que a pessoa tem com ela.

Pode-se deduzir, também, que o acontecimento do ano poderia estar relacionado com as perdas, as dívidas contraídas com outros ou de outros para com a pessoa. Dependendo do caso, o objetivo poderia referir-se ao sistema previdenciário ou de aposentadoria, heranças, legados ou créditos.

Anual 9 na radical 11

Com esta posição, a pessoa poderia refletir sobre sua visão do futuro individual e sua relação com os amigos, colegas e grupos. Renovação da visão espiritual, da cosmovisão da vida com todas as suas implicações e circunstâncias. O serviço à comunidade, a própria conduta com o cooperativismo ou o comunitário serão temas de compreensão.

Poderia trazer projetos de viagens ao estrangeiro, como também amigos que viajam, fazer amizades no estrangeiro, viagens com grupos ou com amizades.

Planos e projetos de estudos universitários, projetos de estudos com grupos. Projetos de ensino ou relacionados com a cultura. Espiritualizar o sentido da amizade, aspirações de elevação, superação e transcendência.

Anual 10 na radical 12

O acontecimento concreto do ano está relacionado com o poder realizar, de alguma forma, aquilo que é a missão para a qual a pessoa encarnou. A casa 12 é aquilo que somos ou agimos inconscientemente, como uma memória anterior que repetimos continuamente.

Pode trazer incerteza com relação à profissão ou à atividade individual. Se é um ano de escolha de carreira, é possível que não saiba qual escolher, salvo se tiver uma clara intuição ou captação do sentido ou rumo individual.

Através do vínculo com a mãe a pessoa poderá sentir sua modalidade inconsciente; ela também estaria num ano de complicações pessoais. Quando o Ascendente progredido termina de passar por esta sobreposição, a pessoa poderá sentir que começa a melhorar e a manejar suas situações com mais liberdade. As primeiras três quartas partes do ano serão mais difíceis, com dificuldades, ou serão mais trabalhosas.

Anual 11 na radical 1

Somente quando o Ascendente progredido por diretas chegar a esta posição, a pessoa poderá sentir que tem a capacidade de decidir ou de impulsionar. Os projetos no ano estarão relacionados com a própria pessoa, suas condutas ou tendências. O destino individual põe à prova a pessoa, suas características e condutas, porque, se derivarmos a partir da casa 12 do ano, o Ascendente radical cairá na casa 12 a partir da 12.

A pessoa está atenta aos projetos, às iniciativas e ao impulso pessoal, tanto com amigos quanto com grupos.

Decisões para iniciar um novo projeto, cuja realização futura dependerá do próprio impulso.

Anual 12 na radical 2

As provas no ano estão relacionadas com as finanças, a economia, a forma pela qual a pessoa lida com o dinheiro, com seus recursos ou valores. Dissolução das necessidades profundas que a pessoa tem no momento do aniversário e incerteza quanto ao mundo dos desejos ou valores, devido ao fato de que, possivelmente, não estejam muito claros para ela.

Esta sobreposição, e as outras duas que ocorrem entre os setores de Água do ano e os setores de Terra do radical, confirmam a dissolução — em suas diversas fases — dos temas mais concretos: dinheiro, trabalho, atividade produtiva e operativa individual para a coletividade.

A pessoa deverá cuidar bastante dos temas econômicos. O destino vai impor-lhe obstáculos e desafios, como parte de seu aprendizado anual.

ASCENDENTE ANUAL NA RADICAL 4

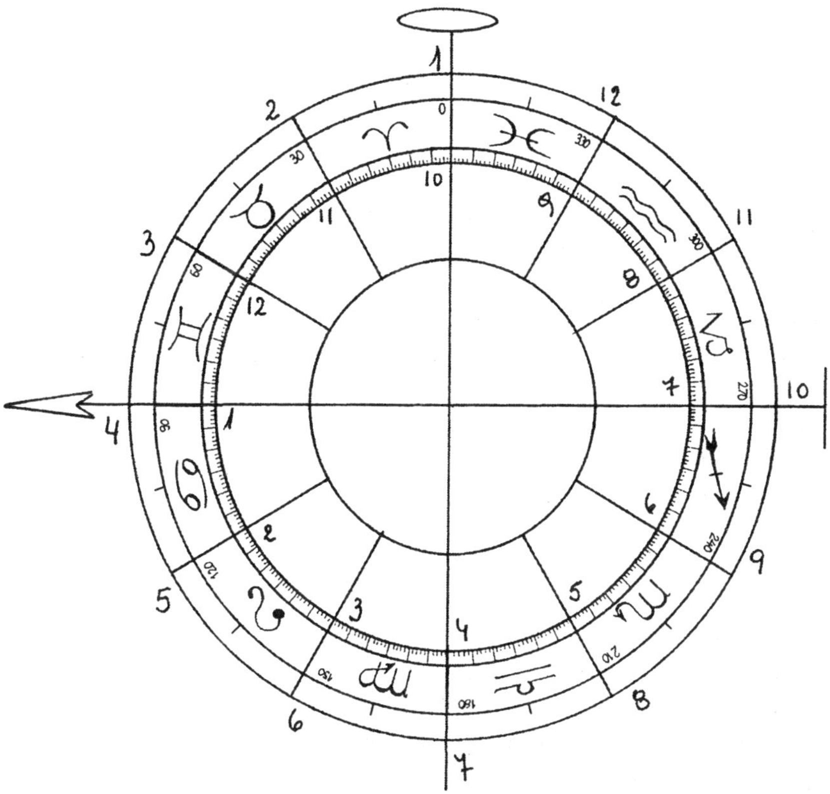

A tendência pessoal no ano será mais introvertida ou introspectiva. Maiores sensibilidade, vulnerabilidade e suscetibilidade darão a tônica pessoal, sempre considerando o estado da casa 4 radical.

Os sonhos e a vida onírica poderiam estar enriquecidos, como também a fantasia e a imaginação. A atenção estará voltada para a criança interior, seu reconhecimento, cuidado e proteção. Desejos de nutrir-se psíquica ou emocionalmente. Ano ideal para trabalhar a base psicológica como ponto de apoio interno, a fim de conquistar um crescimento maior e a individualização.

A atenção pessoal estará voltada para a família, para o passado, as lembranças, as vivências.

Desejos pessoais de formar o seu lar ou a sua família, de ter sua própria casa. Decisões vinculadas com mudanças.

A relação com o pai passará a um primeiro plano pessoal de trabalho ou compreensão.

Pode-se inferir que a pessoa estará resgatando imagens ou sensações de sua memória. Em outras palavras, esta é uma boa oportunidade para trazer ao plano consciente dados, condutas, desejos, expectativas e aquilo que compõe a totalidade da pessoa e que, por diversas razões, ficaram guardados no inconsciente pessoal.

Bom ano para os processos psicológicos.

Anual 2 na radical 5

As necessidades profundas do ano estarão relacionadas com os filhos. A pessoa deveria tornar conscientes essas necessidades, pois isso pode trazer gravidez não desejada. A casa 2 está na zona do inconsciente pessoal; os desejos e necessidades deveriam ser trabalhados.

Dinheiro vinculado aos filhos e às suas necessidades, relacionado também com a arte, a criação e a criatividade. As entradas financeiras podem vir por intermédio de crianças ou do ensino.

Necessidade de integrar aspectos criativos à vida, ou que proporcionem alegria e prazer. Necessidade de desfrutar.

Também estão vinculadas com o amor, com a revisão do modelo de vínculo primário afetivo, mediante o qual a pessoa se relaciona com os outros.

As necessidades estariam na afirmação da auto-estima, na autovalorização, na confiança em si mesmo, trabalhando para amar-se mais, dando a si mesmo a possibilidade de desfrutar, de gozar, etc.

Dinheiro ligado a especulações financeiras ou ao jogo, a presentes, esportes, diversões. O prazer e a afirmação de si mesmo poderiam estar na conscientização e no uso dos valores internos.

Anual 3 na radical 6

Temas de trabalho serão idealizados, pensados e refletidos: relações, contatos, comunicações e formas de promover, de publicar ou de se fazer conhecido.

Ano ideal para tratamentos terapêuticos; pensando em consultas com médicos para o bem-estar pessoal.

O mundo da mente e das idéias estará orientado para o trabalho literário, escritos, publicações, audiências, preparação de aulas. Viagens curtas para trabalho. Projetos de trabalho com irmãos, ou os irmãos estarão atentos a esses projetos e à sua saúde.

Pode-se pensar em dietas, alimentos e na forma de comer.

A mente poderá estar especialmente analítica, crítica, esmiuçadora, ansiosa ou obsessiva, de acordo com o estado da casa 6 radical.

Anual 4 na radical 7

Fim de uma etapa e começo de outra com relação ao parceiro, aos sócios, às sociedades, ao segundo filho ou a processos judiciais e assuntos legais.

Poderia ser um ano para casar-se ou decidir o matrimônio. Também poderia terminar o vínculo matrimonial. A partir da visão global, advertimos que é um ano em que as sobreposições marcam aprendizagem com os vínculos em geral. A pessoa terá de enfrentar o tema "vínculos" por diferentes lados. Por exemplo, o primeiro filho tem o aprendizado com o social, com o parceiro (de acordo com a idade) ou com os sócios; o segundo filho tem como acontecimento concreto uma parceria ou sociedade. O pai pode estar envolvido em questões com sócios ou com a parceira.

Anual 5 na radical 8

Com essa sobreposição, os filhos e tudo o que se relaciona com eles trarão mudanças para o indivíduo. Poderia ser transformação pela maternidade ou paternidade, para os pais de primeiro filho.

O filho mais velho estará num ano de profunda transformação, em crise, com mudanças corporais pelo crescimento, com medo e estado geral de intranqüilidade, por questões econômicas ou por estar dependente do sexo. A pessoa pode estar inquieta ou preocupada pelas mudanças dos filhos, a relação com eles pode estar em crise.

Crise, intranqüilidade causada por especulações financeiras.

Mudança com relação ao amor, à identidade ou por processo de individuação.

Pode-se associar, também, com transformações pela arte ou expressividade na criação. Transição na forma de manifestar sua capacidade criativa.

Anual 6 na radical 9

Ano em que o trabalho pode estar relacionado com o estrangeiro ou com pessoas do exterior; com importação ou exportação, ensino, educação, cultura, ou com temas espirituais, filosóficos, metafísicos, etc.

Viagens ao estrangeiro para convenções, congressos, escritos culturais, aprendizado ligado ao trabalho.

Processo de catarse (casa 6) para depurar crenças, concepções, ideologias, etc.

Possibilidade de ter uma visão mais ampla e conquistar maior síntese e integração na área de trabalho, nos processos terapêuticos.

Anual 7 na radical 10

O parceiro, o casamento, os vínculos, as sociedades, os processos judiciais ou demandas, o avô paterno ou a avó materna, o segundo filho, serão parte do acontecimento concreto.

A pessoa tem a intenção e a possibilidade de projetar sua atividade, sua profissão no seu ambiente social. A atividade individual dependerá das relações ou dos contatos; interação social. Assumir novos compromissos e responsabilidades sociais e profissionais.

Metas relacionadas com a institucionalização da atividade. Conexão com instituições, legalização de questões da atividade, empresa ou profissão.

Anual 8 na radical 11

A visão do porvir individual se transformará. Surge um nova visão do futuro.

Transformações relativas à amizade: a forma de se relacionar ou o significado que os amigos têm para a pessoa.

Mudanças pela integração a novos grupos, pela perda de amigos, pelo sentido de pertencer a um grupo, coletividade, instituição, clube, etc.

Transição relacionada com o sentimento de irmandade, fraternidade ou de unidade cósmica e de serviço.

Crise, conflito ou questionamento com amigos, colegas ou grupos, com médicos ou terapeutas.

O pedido de crédito poderia ser parte dos planos imediatos ou como um projeto mediato.

A pessoa deveria cuidar de sua economia, das dívidas e dos compromissos de pagamento, pois poderiam ser parte dos obstáculos no transcurso do ano.

Anual 9 na radical 12

A consciência, as crenças, a concepção de mundo ou cosmovisão individual, a fé, as ideologias, os estudos universitários estarão num ciclo de dissolução ou confusão. A visão global da vida e a capacidade de compreensão poderiam estar pouco claras, difusas. Ambigüidade e incerteza conceitual, ideológica. Ano para aprender a deixar-se fluir e entregar-se para confiar mais na intuição que na razão. Estado temporário de incerteza vinculado com o sentido da existência, tanto individual quanto social, suas leis, normas, etc.

As viagens ao estrangeiro podem se travar ou, em outro caso, é preciso cuidar das provas que o destino individual poderia estar pondo no estrangeiro.

Se corresponder ao ano em que inicia os estudos universitários, pode haver confusão sobre qual carreira seguir. Necessidade de adiar os estudos para o ano seguinte. Desejos ou expectativas não satisfazem. A atenção poderia estar flutuante, com dificuldade para os estudos ou tensão por causa dos exames, etc.

Contratempos com a justiça. Ideologias políticas ou conflitantes com a política.

Espiritualmente é possível chegar a compreender qual é a função ou missão individual que cada um tem que realizar. É possível estabelecer ligações para fazer uma síntese e compreender o karma pessoal e as condutas inconscientes que levam a pessoa a reeditar, constantemente, o passado.

Anual 10 na radical 1

O acontecimento concreto do ano está relacionado com a própria pessoa e com as decisões que deve tomar para cumprir suas metas, aspirações e desejos. A pessoa orienta sua vida numa nova direção, em qualquer área de experiência.

Ano em que o êxito pessoal está ligado à coletividade. As metas, os projetos, a atividade individual, a profissão ou a empresa dependerão da energia, da direção, do impulso ou da iniciativa da pessoa.

A atenção poderia estar dirigida para a mãe, para a relação com ela ou para algo que ela possa estar vivendo.

Anual 11 na radical 2

Os planos do ano estão relacionados com as finanças, o dinheiro, as necessidades, os recursos.

Projetos para concretizar as necessidades profundas, para as finanças.

A pessoa poderia sentir que os planos para sua concretização exigem tempo, continuidade, estabilidade. Planejar um futuro com possibilidades de segurança, estabilidade, etc.

Os amigos estarão dependentes da parte econômica. Empréstimos ou pedidos de dinheiro pelos amigos; seria preciso ver o regente da casa e os aspectos para saber se pode haver conflitos.

A pessoa deveria cuidar de suas finanças. O destino poderia complicar a situação econômica, como parte do aprendizado; este mal-estar ou dificuldade refere-se ao dinheiro ou aos vínculos.

Quando a casa 2 está na casa 12, o conflito com valores ou dinheiro depende da pessoa; nesta sobreposição pode vir de terceiros, de outras pessoas.

Anual 12 na radical 3

As provas que o destino coloca para o indivíduo estão relacionadas com a mente, as idéias, os pensamentos, com o que se pensa porque nos ensinaram. O modelo de comunicação está num processo de crise e de dissolução. Estados de confusão com os estudos, o aprendizado, o ensino ou a formação mental/intelectual. Ano para trabalhar internamente as dúvidas, as contradições.

Poderiam surgir contratempos com irmãos, vizinhos, demora nas audiências. A pessoa deveria estar prevenida sobre perda de papéis, roubos ou enganos relacionados com compras ou vendas e assinatura de papéis valiosos.

Bom para estudos de ocultismo, esoterismo, para o psicológico.

Prestar atenção em Marte e seus aspectos, o regente da casa 3 do ano e do radical, se tem aspectos de atrito, para ver se a prova vem através de acidentes (estes estão conectados com a casa 3 e com Marte).

ASCENDENTE ANUAL NA RADICAL 5

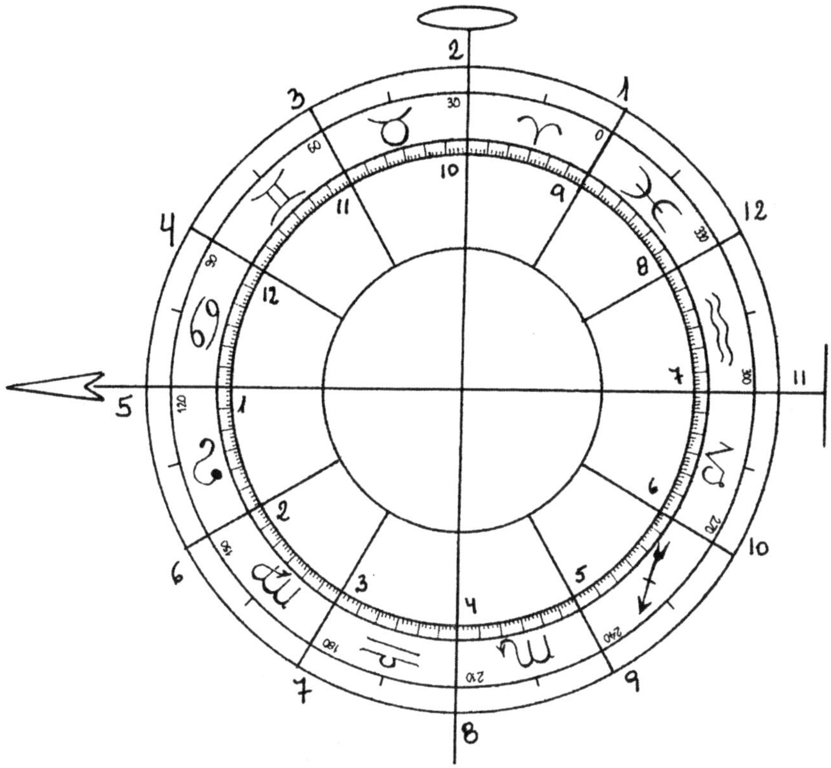

A atenção pessoal estará orientada para o amor, os afetos, a arte, a criação, a criatividade, aquilo que vincule o indivíduo com o prazer, as saídas, os encontros, a diversão e lhe dê alegria.

Ano de afirmação da identidade individual, de reconhecimento, especialmente de auto-reconhecimento. Poderá comprovar que, enquanto a pessoa continuar reclamando um reconhecimento do mundo exterior sem realizar isto por si mesmo internamente, nunca virá o desejado. Se, em troca, levar a cabo o processo de auto-reconhecimento, reafirmando sua valorização e auto-estima, passará a um segundo plano a valorização que os outros tenham dele.

A casa cinco significa FIXAR a consciência individual no próprio CENTRO, isto é, ser UM no centro do próprio universo individual. Enquanto isso não acontece, o ser tem o seu centro fora, razão pela qual precisa ter gente satélite girando ao redor dele. Neste caso, os elogios aumentam o sentimento da importância pessoal e a crítica desmorona a aparente segurança.

A atenção poderia estar dirigida aos filhos, tanto os já nascidos quanto o desejo de tê-los.

Ano ideal para trabalhar internamente e compreender o modelo de vínculo primário, isto é, como é a forma pela qual expressamos e demonstramos amor instintivamente, porque é assim que o recebemos. A casa 5 corresponde ao segundo quadrante astrológico, o dos instintos. Está associada com o amor, os filhos e o sexo como impulso ou automatismo inconsciente. Deve-se olhar atentamente a casa 5 do ano, seus regentes e os aspectos que têm, para ampliar o panorama do significado da presente orientação pessoal no ano.

Anual 2 na radical 6

As necessidades profundas do ano estarão relacionadas com o corpo, com os exercícios, os alimentos, a discriminação, a escolha daquilo que serve ou não serve para o crescimento em geral.

Questões econômicas ligadas ao trabalho, e também aos trabalhadores, às ferramentas ou aos instrumentos que o trabalho requer.

As necessidades podem referir-se ao pessoal doméstico, seja para mudar, para revisar a relação, como para resolver assuntos econômicos.

Necessidade de assegurar, de estabelecer ou dar mais consistência aos projetos de trabalho.

Anual 3 na radical 7

A mente, as idéias e os pensamentos girando em torno dos vínculos, relações, processos, demandas, litígios ou ideando sistemas ou formas de conexão com os outros.

A pessoa pode receber ofertas para associar-se com outros por motivos econômicos, de trabalho.

Papéis e assinaturas por assuntos legais, audiências em juízo. Pôr em ordem papéis relacionados com assuntos legais nas suas diversas formas.

Conversas para compartilhar planos com o parceiro ou pensamentos orientados para formar uma relação.

O irmão mais velho estará dependente de processos judiciais, de sócios ou questões maritais; poderia sentir um certo condicionamento ao âmbito social.

Ano para entender o modelo ou padrão de conduta, o eu social.

Anual 4 na radical 8

A base psicológica da pessoa, a base que a sustenta, simbolicamente a terra sobre a qual ela se apóia está num processo de profunda transformação. Isso pode trazer uma espécie de intranqüilidade, no transcorrer do ano, pela incerteza que provoca o fato de que os pontos de apoio psíquico estão movidos, devido à mudança que pode estar experimentando. O nível de intensidade ou força que essa vivência pode ter dependerá de cada pessoa, de sua evolução ou grau de consciência.

Mudanças, também, na família ou com a família.

Fim de uma etapa e começo de uma nova etapa com relação a heranças, pagamento de dívidas ou obrigações que outros tenham com a pessoa, com luto, medos ou temores.

O pai da pessoa estaria num ano de muitas mudanças, que lhe produziriam temores e também medo da morte.

Preocupação por perdas.

Tensão ou crises por assuntos vinculados com o campo e seus produtos. É preciso precaver-se contra perdas.

Anual 5 na radical 9

A afirmação da identidade poderia vir por questionamentos de crenças ou concepções de vida. Bom período para a conexão com o mestre interior, para os processos de intuição ou captação global. Alegrias por viagens, prazer proveniente da expansão espiritual (viagens do espírito ou do físico).

O filho mais velho dependente de estudos universitários ou com questionamentos éticos, religiosos ou de fé, com desejos de viajar para o estrangeiro.

Anual 6 na radical 10

O trabalho e o que se relaciona com ele (empregados, pessoal doméstico, ferramentas, máquinas, aparelhos ou, simplesmente, a forma ou modo de encará-lo) serão parte do acontecimento concreto e a meta do ano. Realização de projetos profissionais ou empresariais.

Indica também que a realização se dará na saúde corporal (alimentação ou trabalhos corporais, estudos médicos, etc.).

O esforço, a paciência, a persistência e a ambição de conquistas estarão voltados para os objetivos de trabalho.

Poderia estar assinalando que os projetos de vida, a profissão ou atividade individual estariam atravessando um período de limpeza e depuração, selecionando o que serve daquilo que se empreendeu. Poderia significar, também, uma limpeza da auto-imagem que se projeta no social.

Anual 7 na radical 11

O parceiro estará dependendo de seus planos e projetos, das relações com amigos, com colegas ou decidindo questões com grupos ou tarefas grupais. Projetos compartilhados com o parceiro para levá-los a cabo durante o ano. Projetos de parceria.

Renovação das relações sociais. Podem ser colocados para a pessoa temas que se refiram à liberdade em qualquer um dos vínculos estabelecidos; ela teria que verificar qual é a justa distância entre ela e seus vínculos. Se a pessoa não reconhecer isso como tendência própria em relação ao mundo externo, pode estabelecer vínculos com pessoas muito livres ou com problemas para o compromisso, que vão lhe mostrar um aspecto que ela tem dificuldade para reconhecer.

Sociedade com amigos. Isto vale também para o segundo filho.

Mudanças ou viradas repentinas no que se refere a sócios, processos judiciais ou advogados.

Anual 8 na radical 12

As mudanças do ano estarão relacionadas com as condutas inconscientes, com os velhos entraves ou obstáculos de sempre que atrasam o Ser, atando-o ao passado. Isso é interpretado como morte do karma: processo alquímico em que os fogos plutonianos estariam queimando as escórias do passado.

Posição em que deveria cuidar do concreto. Poderiam ocorrer dificuldades com herança, legado, aposentadoria ou com dívidas. Não é um período bom para pedir créditos ou empréstimos, porque existe a possibilidade de situações enganosas ou perigosas para a segurança do patrimônio pessoal. Não seria conveniente assinar como garantia ou ser avalista, pois a casa 8 é a casa 2 dos outros, e aqui está sobreposta à casa 12, isto é, os outros poderiam ter problemas econômicos, ou a pessoa pode se vincular a indivíduos de manejos financeiros não muito claros.

Este não é um ano bom para as especulações financeiras.

O parceiro ou a relação com o segundo filho poderiam passar por um período de dissolução, de confusão e complicações no lado econômico ou nas necessidades.

Possíveis resistências à aceitação das mudanças ou das perdas. O destino individual pode agir por meio de perdas afetivas ou econômicas.

Anual 9 na radical 1

Espiritualmente, a pessoa poderia refletir sobre si mesma, sobre sua própria pessoa, suas condutas, seus desejos, suas modalidades ou sobre tomar uma decisão importante.

Os desejos, a atenção e as decisões pessoais orientadas para viagens ao estrangeiro, para estudos universitários, questões religiosas, metafísicas ou espirituais. Outros temas da casa 9 poderiam exigir a atenção da pessoa, como a filosofia ou sua cosmovisão, a cultura, a educação e a importação ou exportação. Expansão e abertura da consciência pessoal. Ano de busca, desejos de religar-se com o superior ou transcendente dentro de si mesmo.

Reencontro com a intuição, que poderia estar mais desenvolvida (observar para isto Júpiter, seus aspectos e o regente da casa 9). Aprender a ouvir mais as mensagens que vêm da interioridade, para conquistar maior conexão e integração. Aspirações de elevação em qualquer plano. Se houver um terceiro filho, estaria num ano de encontro pessoal e de decisões importantes, com possibilidade de agir ou de mover-se com maior autonomia ou livre-arbítrio.

Se houver tios-avós, cunhados/as, netos, a pessoa, por alguma razão, estaria dependente deles.

A mãe, num ano de questionamentos sobre si mesma, com bastante incerteza sobre decisões, voltada para dentro de si, introvertida.

O pai, dependente de sua saúde ou trabalho.

Anual 10 na radical 2

No transcurso do ano, a meta e as realizações estarão relacionadas com a utilização dos recursos ou valores pessoais, a concretização de suas necessidades profundas e metas econômicas.

Realização de algum empreendimento com fins econômicos. Resolver dificuldades financeiras. Necessidade de estabelecer ou de assegurar o porvir ou a atividade individual. Os projetos vão requerer persistência e permanência para seu sucesso.

Para o parceiro, poderia indicar fim de uma etapa e começo de uma nova em relação ao aspecto econômico (a forma de lidar com o econômico, meios de ganhar dinheiro). Dinheiro relacionado com bens imóveis, com a casa ou a família. Se houver um segundo filho, poderia precisar de seu lugar, de seu espaço (se ainda viver com os pais) ou precisar mais de seu pai.

Anual 11 na radical 3

Os planos e projetos estarão orientados para os estudos, para grupos de estudos ou reflexão. A mente e os pensamentos dirigidos aos projetos mediatos e imediatos. Compra ou venda de imóveis, projetos de mudança de casa. Sugere-se, às vezes, acertar e pôr em ordem os temas relacionados com papéis de valor ou vinculados com o dinheiro.

Planos de viagens curtas, de mudanças.

Planos relacionados com o ensino, com escritos, com publicações, também com publicar ou dar a conhecer a atividade individual.

Projetos vinculados com a comunicação pessoal, com tratamentos, principalmente terapêuticos.

Anual 12 na radical 4

O destino individual leva a pessoa a revisar e recolocar os assuntos referidos à família e ao passado, às lembranças e vivências (pois estarão em um período de crise e dissolução). Deverá rever os apegos ou dependências com o passado, ou os que, de alguma forma, estão num processo de mudança na sua base psicológica.

A pessoa deveria cuidar de qualquer questão relacionada com a casa, com bens imóveis ou com o campo, pois o destino pode colocar obstáculos nessas questões, como aprendizagem do ano. Se está construindo, haverá possíveis demoras. Problemas com encanamento, vizinhos, inquilinos (contratos ou pagamentos). Sensação de não se achar em nenhum lugar, pois essa posição tem relação direta com a casa 4 anual na casa 8 radical.

Elaboração de luto, lenta e dolorosa. Possível resistência a deixar o passado.

Dificuldade com o pai ou por causa dele. Revisão dos vínculos estabelecidos com o pai.

Situações pouco claras, confusas ou difusas com relação à família, aos bens imóveis, ao passado e às emoções ou sentimentos.

ASCENDENTE ANUAL NA RADICAL 6

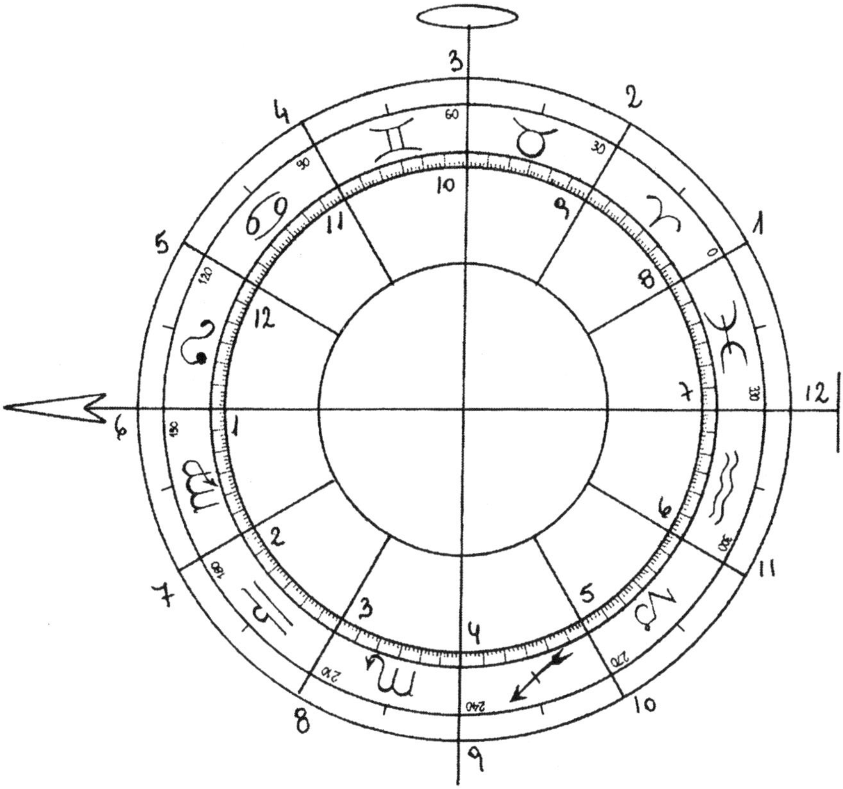

A atenção pessoal do ano estará centrada no trabalho e nas decisões que a pessoa tomará a respeito da tarefa que desenvolve. O interesse estará também no seu corpo, na saúde, nos exercícios, nos alimentos, nos tratamentos e em tudo aquilo que resulte num maior bem-estar físico. Deve-se olhar como e onde está Virgem no ano pela relação com a casa 6 — isso poderia criar necessidade de limpar, de depurar, de discriminar, analisando bem o que quer, o que deseja ou não.

Necessidade de se ocupar mais com a saúde e com possíveis mal-estares físicos. O assunto saúde abrangerá também o meio ambiente (a mãe poderia estar preocupada com a saúde de alguém da família, o pai tem a saúde como acontecimento concreto para o ano).

A pessoa poderia estar mais atenta ao seu cotidiano, ao meio ambiente e às roupas. E também ao rendimento do esforço pessoal.

A casa 6 sobreposta ao Ascendente anual é outra posição que traz para a pessoa o sentimento de condicionamento às circunstâncias durante o ano.

Anual 2 na radical 7

As necessidades mais profundas tem a ver com os vínculos, com as relações. A pessoa deverá revisar seu tipo de ligações e sua necessidade de parceria. Temas econômicos relacionados com o parceiro, com sócios ou com questões legais. Poderia estar dependente de contratos, de convênios ou de acordos para sua economia. Dinheiro vinculado com atividades sociais ou institucionais. Necessidade de ter maior segurança ou respaldo proveniente de instituições.

Anual 3 na radical 8

A mente, as idéias e os pensamentos girarão em torno dos pagamentos, das obrigações financeiras com outros, das entradas e saídas de dinheiro, da tramitação e de papéis por aposentadoria ou pensão, de dívidas que outros têm com a pessoa, de créditos, papéis ou audiências por questões de heranças ou legados (estes poderiam ser alguns dos temas concretos que provocariam estados de inquietação mental). Mudanças na relação com os irmãos ou inquietação da pessoa pelo estado do irmão mais velho (representado por esta casa). Podem existir na mente idéias relacionadas com morte, medos, perdas (em qualquer sentido), e também com o sexo, com as mudanças que estão acontecendo ou que a pessoa deveria realizar. Mudanças associadas com a estrutura mental e formas de falar, de se expressar ou se comunicar.

Anual 4 na radical 9

Neste ciclo, os fins e os começos estariam associados com estudos universitários ou superiores e com questões relacionadas com a fé, as crenças e o estado de abertura ou de compreensão espiritual. Poderia outorgar mais confiança na base psíquica do ano. Será possível resgatar lembranças, vivências guardadas no inconsciente para aquilo que está elaborando de maneira profunda e espiritual. Compreensão ampla, global e intuitiva do próprio passado, pessoal ou familiar, que permita fazer uma síntese do aprendizado conquistado. Possibilidade de ver e de compreender o sentido de acontecimentos passados.

Decisões de se firmar no estrangeiro, família no estrangeiro. O pai com desejos de viajar.

Início de terapia psicológica ou de uma fase mais rica e profunda no tratamento terapêutico.

Anual 5 na radical 10

O acontecimento concreto poderia estar vinculado com os filhos que já tem (principalmente com o mais velho), com o nascimento do primeiro filho, as amizades e a vida amorosa, a arte, a criação, a criatividade, os encontros, as conquistas, a organização de eventos sociais.

Conforme a idade, o filho mais velho poderia estar reorientando sua vida no sentido de escolher uma profissão ou atividade individual. Se tem pouca idade, será um ano em que deseja começar a tornar-se independente do vínculo materno principalmente, pois seu maior conflito — se houver — será com a mãe (por derivadas, a casa 10 sobre a casa 1, a 10 associada com a mãe). Ano para começar a assumir maior responsabilidade pessoal. Não devemos esquecer que a casa 5 radical se sobrepõe à casa 12 do ano. Achamos, com isso, que essa sobreposição merece especial atenção, análise, sondagem para ver qual é o acontecimento anual que traz emparelhado um aprendizado especial do destino anual.

A casa 5 está associada com a identidade e a consciência individual. É um ciclo em que se poderá realizar (casa 10) uma afirmação nova ou diferente de sua consciência individual (processo de individuação).

Anual 6 na radical 11

As questões de trabalho estarão relacionadas com grupos, com amigos ou colegas. Renovação no âmbito do trabalho, inovação nos projetos. Planos referentes à saúde (médicos, tratamentos), tudo tendendo à inovação e à reforma.

Anual 7 na radical 12

Os temas sociais, de parcerias, de sociedades ou legais estarão passando por um ano de entraves, contratempos ou demoras impostas pelo destino individual. Isso está relacionado com algo que a pessoa deveria ajustar ou aprender; algo que ela ainda não vê ou entende de si mesma pode estar vindo por intermédio de outros, para sua conscientização. Analisando os temas, eu diria, por exemplo: se existe um matrimônio, pode apresentar dificuldades pessoais no vínculo, ou estas viriam do parceiro. Se não existe matrimônio, não é um ano em que convenha casar-se. É melhor esperar o novo ano. Isso se repete no tema com os sócios. Não é propício iniciar sociedades sob esta sobreposição. As preexistentes no momento do aniversário poderiam ser complexas ou com muitas dificuldades. Com relação a processos judiciais, não convém iniciá-los (salvo casos de extrema necessidade), porque podem travar-se ou aparecer situações pouco claras ou ambíguas que não dependerão da pessoa (pelo menos conscientemente). Com processos já iniciados, é possível esperar o mesmo tipo de situação e a demora na solução. Um ano para estar alerta e expectante com as provas individuais para compreender o aprendizado que cabe ao indivíduo.

Anual 8 na radical 1

As mudanças e transformações se referem à pessoa: suas modalidades, condutas e consciência. Ano para reconhecer aquilo que deseja transformar (abandonar as tendências que não lhe permitem desenvolver-se). A atenção da pessoa poderia estar enfocada em questões de dívidas contraídas ou de obrigações financeiras que outros tenham com ela. Elaboração de certos medos (como o sexo, a morte, mudanças, perdas). Ano ideal para indagar, investigar ou avalisar os estratos profundos do inconsciente pessoal, para deixar aflorar e tornar conscientes os possíveis temores à entrega, ao descontrole, etc.

A pessoa estará num ano em que enfrentará o desafio de morrer e renascer de uma maneira renovada, transfigurando-se. Isto não supõe a morte física. Para que isso seja possível, os regentes das casas 1, 4, 6 e 8 deveriam estar conectados com aspectos duros ou de atrito. A sensação de morte pode ser sentida durante o ano todo.

A pessoa poderia estar atenta às necessidades dos outros e aos seus valores ou recursos.

Anual 9 na radical 2

Estão sendo elaborados espiritualmente os temas relacionados com as formas, com a própria capacidade para concretizar, com a economia, com as necessidades ou os recursos pessoais.

Movimento de dinheiro para que seja possível viajar. Atenção posta no dinheiro vinculado com o estrangeiro.

Necessidade de fixar, de arraigar, de conquistar segurança com relação aos próprios conceitos ou concepções de vida ou cosmovisão.

Dinheiro relacionado com seminários, escritos ou publicações. Aspirações de segurança, estabilidade.

Concretização de estudos universitários ou superiores, atender a necessidades internas.

Os temas profundos, metafísicos, religiosos, espirituais poderiam ser parte do alimento que se requeira para conseguir a concretização ou o enraizamento.

Também pode-se interpretar que a pessoa adia outras necessidades por estar ocupada com a segurança e a estabilidade econômica.

Anual 10 na radical 3

O acontecimento concreto do ano poderia estar vinculado aos estudos (em qualquer nível, conforme a idade), à realização de suas idéias, ao processo de mudança de sua estrutura mental. A pessoa pensará e refletirá sobre a auto-imagem projetada na coletividade (diferente forma de falar, de se expressar, de se comunicar). Possibilidade de ter como projeto anual a realização de cursos para ensinar ou aprender, de seminários, oficinas, conferências. Metas ligadas a escritos ou à publicação de obra. Projetos para promover ou divulgar a atividade individual.

O acontecimento anual poderia estar conectado com os irmãos, tanto pelo vínculo da pessoa com eles, quanto pelas mudanças que eles poderiam estar passando.

Acontecimento relacionado com vizinhos, com papéis, com relações públicas, mudanças, deslocamentos, viagens, compras ou vendas, audiências, etc.

Anual 11 na radical 4

Os planos e projetos, como também as amizades, as relações grupais, de grupos de pertinência e a visão do próprio futuro finalizam uma etapa e começam outra.

Início de novas formas de encarar as relações. A pessoa poderia sentir que há vínculos que vêm do passado e que terminaram um ciclo. Velhas amizades poderiam retornar. Novas idéias para o futuro.

Planos e projetos para a casa, o lar ou projetos de família, mudanças, renovação do lugar em que vive ou planos para ter casa própria.

Os amigos estarão vivendo diferentes temas vinculados com suas famílias, a relação com o pai, etc.

Poderia ser um ano para a finalização de processos de cura, tanto físicos quanto psicológicos. Se a pessoa não estiver em tratamento, poderia indicar o início de relações com médicos ou terapeutas.

Anual 12 na radical 5

O aprendizado do ano estará relacionado com os filhos, fundamentalmente com o mais velho. Não só porque o destino individual quer ensinar ou mostrar à pessoa com relação a esta união, mas também porque o filho poderia gerar muita preocupação pelas mudanças ou processos que poderia estar vivendo.

Provas relacionadas com a própria identidade, com a auto-estima, com a valorização de si mesmo. Ano para enfrentar e ver a possível desvalorização. Provas para a dissolução de condutas egocêntricas ou egoístas que revelam uma tendência mais para a manipulação do que para o amor cordial, sincero e aberto.

Deve-se tomar cuidado com as especulações financeiras ou com os investimentos na Bolsa, etc. Poderia trazer perdas ou investimentos que causem dificuldades ou complicações (é uma das analogias da casa 5).

Com o tema de filhos por nascer, também pode haver complicações. Nem sempre a casa 12 tira possibilidades; às vezes pode significar demora na gravidez e, em outras ocasiões, quando esta se produz, pode trazer uma gravidez com alguma tensão psíquica ou significar que a mulher tenha que dissolver algum medo ou resistência. Às vezes, as tensões podem ter origem não na gravidez em si, mas no filho já nascido.

Elaboração interior e revisão da modalidade afetiva, do modo de amar, gozar ou de desfrutar.

Poderiam ocorrer amores ocultos ou que se mantêm em reserva. Certamente este não é um ano para formalizar um relacionamento, por causa dessa sobreposição e pela outra — já analisada — da casa 7 sobre a 12.

ASCENDENTE ANUAL NA RADICAL 7

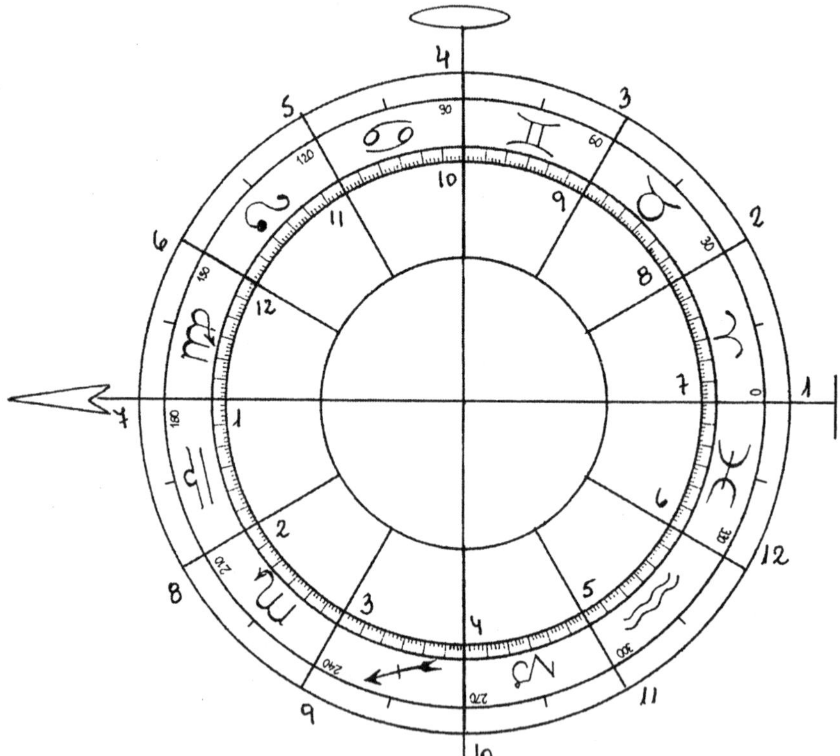

Como é possível observar no gráfico, esta sobreposição, em sua visão global, significará que a pessoa viverá durante este ano a polarização, o tema dos opostos: a dinâmica do equilíbrio em movimento.

A pessoa poderá sentir certa sujeição às condições, desejos ou decisões criadas pelos outros. A tática a seguir seria estar aberto para ver o que os outros querem ou decidem e, assim, decidir se quer, se lhe convém ou não. Isso é sugerido porque, em geral, se a pessoa quer tomar suas decisões e levá-las a cabo sem levar o outro em conta, sentirá que se desgasta, porque a decisão está do outro lado ou porque terá, pelo menos, que ser compartilhada. A pessoa estará dependendo das relações, dos contatos ou da sua interação com o social (do parceiro, dos sócios, do segundo filho, se houver).

Ano ideal para ver e tomar consciência daquilo que a pessoa depositava no seu meio exterior. Ela estará tomando consciência de sua modalidade pessoal através do ambiente em que vive.

Anual 2 na radical 8

As questões financeiras, assim como as necessidades e os valores, estarão passando por um processo de transformação, no ano. A pessoa poderia sentir a necessidade de desprender-se ou de soltar aquilo que já sente como carga ou sobrepeso, devido à tendência para reter.

Dinheiro relacionado com processos, com aposentadoria ou com herança, legados ou créditos.

Possíveis crises com relação ao econômico-financeiro, ou intranqüilidade pelas entradas e saídas do dinheiro, ou por dívidas. A pessoa deveria ser cautelosa com as especulações financeiras, pois há possibilidade de perdas (ver o estado cósmico dos regentes das casas 2, 5 e 8).

Anual 3 na radical 9

A mente, as idéias e os pensamentos estarão orientados para os estudos universitários, superiores, metafísicos, espirituais ou religiosos. Pensamentos mais abstratos, amplos ou de uma capacidade para ver uma realidade mais vasta, global e abrangente. A pessoa poderia entender com sua mente racional as crenças ou concepções de vida.

Correspondência, notícias, conexões com o estrangeiro. Idéias conectadas com o estrangeiro ou com viagens. Audiências por processos ou litígios. Viagens dos irmãos ao estrangeiro.

Possível abertura e expansão na relação com o irmão ou irmã.

Anual 4 na radical 10

Fim de uma etapa e começo de outra relacionada com a profissão, com a atividade individual, com empreendimentos, com as metas ou projetos que deseja realizar. Inícios relacionados com a escolha de estudos para uma profissão futura, ou também com o final de estudos (indicando o começo da atividade profissional). Metas relacionadas com a casa, com sua reforma ou com questões imobiliárias e mudanças. Ver o estado cósmico do regente da casa 4, que será também da casa 10, para avaliar essa possibilidade.

Anual 5 na radical 11

Planos e projetos relacionados com os filhos, com a maternidade ou paternidade, com a arte e a criação, fundamentalmente com temas que permitem o contato grupal. Mudanças e renovações relacionadas com o estilo criativo. Movimento descontínuo na expressão da criatividade, passando de momentos de abundância de idéias originais a outros de inquietação: movimento pendular.

Nos afetos — ver os regentes e seus aspectos — variedade de encontros e saídas, mas vinculadas com a necessidade de liberdade e de espaço. Neste âmbito, pode-se experimentar também a descontinuidade entre as saídas e desejos de compartilhar com os momentos de solidão.

A relação da pessoa com o filho mais velho passa por uma etapa de mais "ar" entre eles. O filho poderia estar com desejos de aumentar sua liberdade, de renovar, de inovar, com possível rebeldia, inconformismo, intermitências. O clima que teria de reinar durante o ano com o filho seria mais de amizade, de companheirismo, de maior cumplicidade.

Anual 6 na radical 12

As provas no transcurso do ano estarão relacionadas com a saúde e o bem-estar físico. Deve-se prestar atenção aos velhos mal-estares. Se a pessoa trabalha de forma independente, as provas ou entraves estariam em fazer uma revisão do modo de encarar sua tarefa, como suas relações de trabalho, sentimento de apatia, perda temporária de sentido, que criará incertezas ou confusões, devido a haver algo que a pessoa tem de compreender nesse âmbito (a função do serviço que presta). Se o trabalho é em relação de dependência, pode criar problemas com as autoridades ou com os subordinados. Essa empresa ou instituição estará num período de dissolução de modalidades, dificuldades pela demora nos projetos e reestruturação dos planos e do grupo de trabalho, conflitos de relações ou mudança de sócios.

Se a pessoa está buscando trabalho, podem surgir obstáculos que não dependem da sua vontade. Seu aprendizado poderia consistir em clarear o panorama e ver que modalidade inconsciente pessoal está em ação nesse obstáculo ou dificuldade.

Tanto o pessoal de serviço doméstico quanto os empregados que a pessoa possa ter poderiam criar um clima inquietante, dificuldades ou problemas. Este é um ano para cuidar das ações trabalhistas. Possíveis empecilhos, complicações com máquinas ou com artefatos usados no trabalho.

Ano desfavorável para os criadores de animais em geral, como também para a compra ou aquisição de novos animais domésticos. Certos contratempos ou demoras relacionadas com o campo, com as terras, as colheitas ou com outros produtos.

Anual 7 na radical 1

As questões relacionadas com vínculos vão requerer toda a atenção da pessoa; esta poderá compreender muitas de suas próprias modalidades, vendo como agem os outros ou o parceiro. A pessoa condicionada às decisões dos demais, quando o Ascendente anual progredido passar por aqui (que será aproximadamente seis meses depois do aniversário), viverá o momento em que poderá sentir melhor como as decisões dependem do mundo exterior.

Anual 8 na radical 2

As transformações no transcurso do ano estarão relacionadas com valores, recursos, necessidades. Sofrerá, também, uma mudança na economia, no patrimônio pessoal ou na consciência que a pessoa tenha com relação a dinheiro e ao modo de ganhá-lo e administrá-lo; o enfoque econômico se modifica. Ano de entradas e saídas de dinheiro.

Anual 9 na radical 3

Espiritualmente, estará refletindo acerca da própria mente quanto ao aprendizado e à comunicação. Poderá surgir uma perspectiva mais ampla com relação às dúvidas ou contradições relacionadas com o tema dos estudos ou com os exames. Viagens vinculadas com os irmãos ou com estudos, cursos no estrangeiro, palestras, congressos, etc.

Cartas, correspondência, compras, notícias provenientes do estrangeiro. Comércio com o estrangeiro.

Anual 10 na radical 4

O acontecimento concreto do ano, de algum modo, terá a ver com bens imóveis, com mudanças, com a família ou com o lar.

Pode-se inferir daí que a pessoa estaria finalizando uma etapa e começando outra no tocante à profissão (início de uma atividade profissional ou fim de alguma tarefa ou projeto que estava realizando). Deve-se prestar especial atenção ao regente da casa e à sua presença (de onde se localiza concretamente) e se há planetas radicais que se sobrepõem a esta casa 10.

A mãe estará dependente de temas familiares (fundamentalmente da família de origem). Poderiam surgir certos desacordos ou conflitos — tanto com os irmãos quanto com papéis relacionados com dinheiro — aos quais deveria prestar atenção. Mentalmente, poderiam ocorrer estados de confusão ou de falta de clareza, assim como idéias ou pensamentos que girem em torno da saúde ou das doenças dela mesma ou de seus irmãos.

Anual 11 na radical 5

Os planos e projetos estão vinculados com o amor, com os prazeres e o gozo, com diversões, encontros e saídas. A pessoa projeta condições de vida capazes de trazer alegria, prazer ou gratificação. Projetos prazerosos com amigos, temas relacionados com os amigos e seus filhos, ou em que a vida afetiva dos amigos têm um lugar importante. Projetos com os filhos ou projetos de ter filhos. Perspectivas na arte, nas exposições ou apresentações. Esta não é uma boa sobreposição para especulações financeiras. Deve-se pensar muito nelas e realizá-las no ano seguinte.

Anual 12 na radical 6

As provas que o destino apresenta aqui para a pessoa relacionam-se com a saúde e a modalidade pessoal quanto à alimentação, exercícios, descanso, trabalho e modos de encará-lo. Há algo vinculado com tudo isso, que está se dissolvendo. A pessoa deverá organizar o que está havendo com suas atividades, de que modo faz seu serviço a favor da comunidade. Contratempos, demoras ou problemas com empregados ou com o serviço doméstico.

ASCENDENTE ANUAL NA RADICAL 8

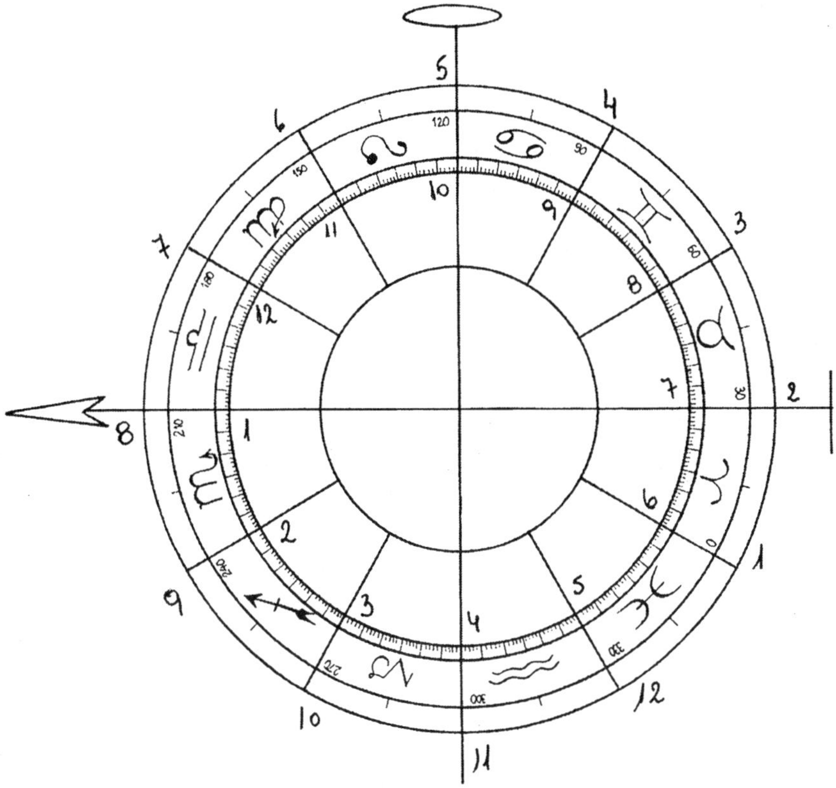

A atenção pessoal do ano estará orientada para as mudanças e as transformações que a pessoa está procurando, promovendo-as conscientemente. Ano carregado de tensões, de possíveis condutas mais extremadas e de soluções pessoais mais taxativas. Trata-se de mudar e conscientizar as situações (internas ou externas) em que a pessoa é contida ou freada pelo medo (por exemplo, medo do descontrole, das correntes emocionais intensas que fluem abaixo da consciência, das emoções que são guardadas porque são os aspectos mais irracionais, instintivos e não aceitos socialmente, medo da morte, do sexo, etc.).

Será um ano em que o Eu estará submerso, mergulhado nessa profundidade psíquica que representa a sua casa 8 e o nível de consciência que tenha com relação ao que essa casa representa para ele. Todas as situações ou analogias nela contidas serão temas que o sujeito terá diante de si.

Na visão global dessa sobreposição, vemos que a casa 8 radical está na casa 1 e que casa 1 está na casa 6 anual. Pode-se inferir que a pessoa enfrentará uma situação que vai envolver seu corpo e sua saúde. O clima pessoal que pode viver será de certa intranqüilidade, devido à sensação de que algo está morrendo: não fala necessariamente da transição física do nativo. Para que isso possa acontecer, terão que estar conectados os regentes da casa 1 tanto anual quanto radical, da casa 8 radical e anual e da casa 4, com aspectos de atrito. Tenho observado que nos mapas em que acontecem os anos de transição de uma pessoa, por algum motivo, está envolvida de alguma forma a casa 9 com a 8. Para os que gostem de investigação, este é um dado para seguir indagando.

Também poderia ocorrer uma reativação dos desejos sexuais ou de modificações neste tema.

No vínculo com o mundo exterior, a pessoa poderia estar atenta a créditos, dívidas ou dinheiro relacionado com outras pessoas.

Anual 2 na radical 9

As necessidades do ano, como também os recursos e a economia, estarão relacionados com o ensino, com os estudos universitários ou superiores. Mobilização da economia por viagens ao estrangeiro, ou dinheiro e negócios no estrangeiro.

Necessidades relacionadas com o desenvolvimento espiritual, metafísico ou religioso. Necessidade de conectar-se com a intuição, com o mestre interior e com a confiança.

Anual 3 na radical 10

A mente, as idéias e os pensamentos girarão em torno das metas, das atividades ou da empresa da pessoa.

Realização de projetos conectados com estudos e aprendizagem em geral. Leituras, comunicação, deslocamentos, compras e vendas poderiam ser parte dos temas que levará a cabo. Divulgar a atividade ou dar-lhe uma dinâmica diferente com relação ao social e aos meios de comunicação. A pessoa poderá pensar na própria imagem e na maneira de se projetar na coletividade.

O acontecimento concreto do ano poderia estar relacionado com o irmão da pessoa, ou com sua relação com ele.

Metas ligadas a escritos e publicações.

Anual 4 na radical 11

Fim de um etapa e começo de outra referente a projetos com amigos ou grupos de pertinência, também com relação aos planos e projetos para o ano e para o futuro. Fim ou início de terapias ou da relação com médicos ou tratamentos. Projetos relacionados com a casa, idéias para inovar, mudar o lugar de residência. O clima do lar pode ser vivido de forma mais livre, com reuniões, encontros. A pessoa projeta receber amigos, conhecidos, colegas na sua casa, sempre levando em conta o estado cósmico da casa 11 radical. Se a pessoa tem dificuldades para fazer parte de grupos ou para fazer amizades, indica possivelmente novos contatos e vínculos.

Anual 5 na radical 12

O plano vinculado com os afetos será posto à prova no ano em curso. Estarão dissolvendo-se modalidades ou formas de viver o amor; o aprendizado liga-se à capacidade para gozar e desfrutar que a pessoa possui.

Possível dificuldade em alguma relação concreta existente no momento da revolução. Pode significar também que as novas relações vão demorar para se desenvolver (a pessoa pode compreender como operam as condutas inconscientes representadas pela casa 12, através dos afetos em geral).

Se houver filhos, a pessoa estará preocupada com o mais velho, tanto pela relação entre ambos (isso a levará a compreender sua própria modalidade inconsciente) ou por problemas que seu filho esteja vivendo ou enfrentando.

Se a pessoa se dedica à arte em qualquer de suas formas, este será um ano em que se redefinirão formas ou estilos, dissolvendo um ciclo e buscando um novo sentido, apesar de sentir o ano todo como se uma nebulosa não a deixasse ver com clareza.

Anual 6 na radical 1

O trabalho, o relacionamento com os empregados ou a saúde vão requerer durante o ano atenção, dedicação e decisões da pessoa.

Decisões conectadas com a corporalidade (tanto por exercícios e alimentação, quanto por saúde e tratamentos).

A pessoa poderia sentir a necessidade de limpar, de depurar ou de fazer uma catarse do seu corpo mental, emocional e físico.

Anual 7 na radical 2

Vínculos relacionados com as necessidades profundas ou com a economia da pessoa. O parceiro estará dependendo das finanças e da economia. Reflexões da pessoa quanto ao que quer ou ao que necessita com relação a vínculos. Embora possa estar precisando formalizar uma relação (de casal ou sociedade), ela deveria abster-se ou esperar para ver como se desenrolam esses vínculos no transcurso do ano (a casa 7 radical está na casa 12 anual. Aqui é onde o destino individual quer ensinar algo à pessoa). Poderia também significar dinheiro relacionado com processos ou assuntos legais.

Anual 8 na radical 3

As mudanças estarão relacionadas com a mente, os pensamentos, as idéias, o modo de se expressar, de falar, de se comunicar, de escutar. Podem ser tanto por estudos quanto por questões terapêuticas ou por deduções próprias.

Transformações relacionadas com os irmãos e as relações com eles (principalmente com o irmão mais velho ou com o que segue o nativo). Pensamento orientado para as dívidas ou obrigações econômicas. A pessoa poderia ter momentos de muita introspecção e, talvez, intranqüilidade mental.

Anual 9 na radical 4

Fim e começo de temas vinculados com os estudos universitários ou superiores; para os estados de consciência e abertura ou expansão da alma e do estado de compreensão ampla e global de sua própria existência e do devir. Também para os ideais e as aspirações. A mente abstrata poderá desenvolver uma visão e compreensão mais ampla (para fazer uma síntese) com relação ao passado, à família, ao pai, à própria base psíquica da pessoa, às lembranças e vivências incorporadas, podendo resgatar a memória guardada no inconsciente. Fim e começo para possíveis processos judiciais, se houver, como também para tudo que tenha a ver com crenças, concepções ou ideologias espirituais políticas ou religiosas, com a filosofia de vida e com a forma de conectar-se, compreendendo as ligações entre o inferior e o superior, entre o humano e o divino, entre as leis terrestres e as celestes, entre o externo e o interno, entre o racional e o irracional. Possíveis viagens ao estrangeiro com a família ou notícias da família que está fora. Possibilidade, se forem dadas as condições, de mudar a residência e a família para o estrangeiro.

Início de novo ciclo com relação à autoconfiança e à fé em si mesmo.

Anual 10 na radical 5

O acontecimento concreto do ano tem a ver com nascimento de filhos, com os filhos já nascidos e seus processos ou com a relação entre eles e a pessoa. Nascimentos e casamentos no transcurso do ano para os filhos. Realização de projetos criativos, plásticos, artísticos. Projetos referentes a prazeres, gratificações ou alegrias que o indivíduo viverá (tenderão a afirmar sua individualidade ou a confiança em si mesmo).

Deve-se observar em que signo, em que casa e com que aspectos o regente da casa 10 está, para ampliar ou confirmar o exposto. A mãe da pessoa estará dependendo de seus filhos, de sua arte, de reuniões, de saídas, etc. Para ela: possíveis tensões por problemas da casa, do lar ou de assuntos domésticos. Isto acontece porque, por derivadas, terá a casa 4 na 12 e a casa 8 sobre a 4.

Anual 11 na radical 6

No decorrer do ano, os planos e os projetos estão relacionados com o trabalho, com os empregados, com o pessoal sob as ordens da pessoa. Podem ser feitos projetos para o futuro, mediato e imediato, com relação ao trabalho, aos empregados, ao serviço doméstico e às inovações ou renovações na área que a pessoa está pensando ou planejando realizar. Os projetos podem estar relacionados com a saúde, com o corpo e suas necessidades alimentícias, exercícios e movimento, consultas médicas ou terapêuticas. Os amigos estarão ocupados com questões de trabalho. Podem existir projetos de trabalho com amigos e colegas. Projetos grupais de trabalho.

Anual 12 na radical 7

Provas, empecilhos, possíveis complicações ou demoras com processos, demandas, acordos ou convênios que a pessoa tenha. Não seria um ano conveniente para o início de novos processos, pois poderiam estar começando em um ano não propício. Poderiam demorar ou complicar-se inexplicavelmente. Para processos já iniciados ocorrerão atrasos, confusões, perdas ou esquecimentos. Deve-se tomar cuidado com as datas de audiências e os termos na apresentação dos escritos pela possibilidade de enganos ou traições. Para prevenir a pessoa em temas concretos. Entendo que tudo o que possa acontecer à pessoa com relação aos vínculos em geral, ou com o parceiro, é parte de algo que ela tem que ver e compreender a respeito de sua inter-relação social, daquilo que tem dificuldade para ver em si mesma, que está projetado em alguma outra pessoa: ver qual parte dela está envolvida no possível conflito. Problemas com o parceiro, com o segundo filho ou com alguma instituição com a qual esteja envolvida.

Pode-se interpretar também como a dissolução do modelo, padrão ou modo de vincular-se socialmente que a pessoa tenha.

ASCENDENTE ANUAL NA RADICAL 9

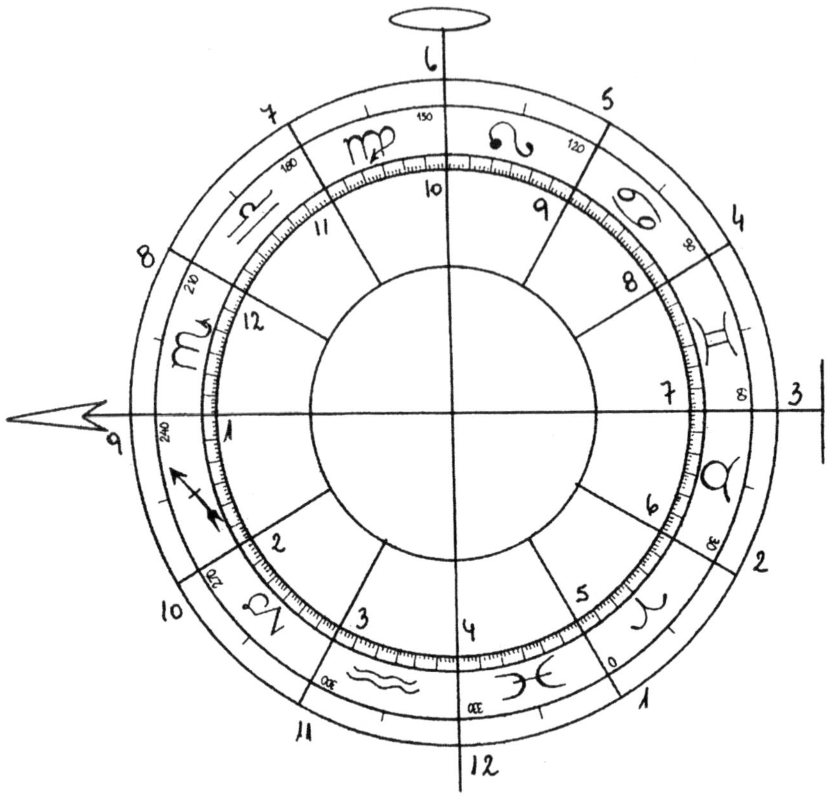

Os desejos e a atenção da pessoa poderão estar orientados para diferentes assuntos: viagens ao estrangeiro, estudos superiores ou universitários. Ano de busca pessoal no filosófico, no metafísico, no espiritual. Busca para encontrar novos significados e sentido para a existência individual. Fortes desejos de expansão da personalidade.

Assuntos relacionados com a política, a publicidade, com escritos ou publicações de alcance ou possibilidades internacionais, ou relacionados com a cultura, com o comércio exterior, a importação e a exportação, a justiça, conforme seja a orientação básica da pessoa e suas instâncias de vida. O certo é que, independentemente de qualquer orientação, o enfoque moral, ético ou filosófico e de suas crenças de vida está sendo questionado. Pode haver um intenso desejo de viajar, mas a sobreposição não tem força nem determinação por si mesma para afirmar essa viagem. Deve-se observar o nono setor do ano e seu regente, a Lua e Mercúrio do ano por casa, signo e aspectos para confirmar se a pessoa realizará seus desejos.

Anual 2 na radical 10

As necessidades do ano estão voltadas para as metas ou projetos, para a profissão ou empreendimentos que a pessoa tenha ou queira realizar. As necessidades estão relacionadas com as conquistas, a realização de projetos ou expectativas de vida. Para um adolescente, seria o ano para elaborar suas necessidades com relação a seu futuro profissional ou econômico. As necessidades profundas do ano estão relacionadas com dar solidez e fazer uma boa base de continuidade na profissão ou empresa que está realizando ou por realizar.

A meta do ano será a economia.

Anual 3 na radical 11

A mente orientada para o futuro. Projetos compartilhados com amigos ou com colegas. Pensamento orientado para a própria modalidade de encarar as relações de grupos ou com amigos.

Projetos de estudos (com amigos ou em grupos). Inovação na modalidade de ensinar. Idéias relacionadas com a liberdade ou com o espaço e o ar que a pessoa precisa para pensar e projetar seu futuro. Mentalmente, pode haver uma visão mais global que permita ter uma perspectiva mais ampla de sua vida em geral ou de determinadas situações. Isso dependerá do estado cósmico de seu regente.

Anual 4 na radical 12

As situações do lar e da família podem estar passando por um período de certas demoras, entraves ou contratempos. Serão situações que não dependem da pessoa, mas são involuntárias e inconscientes: é que o destino individual as coloca como parte do aprendizado. É onde, também, a pessoa poderá ver como age inconscientemente.

As questões relacionadas com bens imóveis, compra ou venda de casas deveriam ser tratadas com cautela, para evitar situações kármicas. Pode tornar-se difícil ou custoso desembaraçar-se delas se forem iniciadas sob esta configuração. Se deseja comprar um imóvel, por exemplo, deverá estar atento às suas condições físicas, de maneira que não haja problemas posteriores.

Fim de uma etapa de certas condições asfixiantes ou limitadoras relacionadas com o passado ou com modalidades inconscientes.

Se a pessoa tem terras e trabalha com os produtos provenientes da terra, deverá cuidar ou estar alerta. Poderia haver condições adversas para a semeadura, a colheita ou o gado (inundações, pragas, doenças).

O pai da pessoa estará passando por um ano de obstáculos ou questionamentos pessoais, de modo que é possível que este seja um ano difícil e de muita introspecção. A pessoa pode encontrar-se novamente com o pai ou a família. Ano para trabalhar internamente os vínculos com o pai (mesmo que já tenha morrido). As imagens, lembranças, sensações ou sentimentos que estavam guardados no inconsciente poderiam aflorar para resgatar as vivências ou a memória, conquistando uma nova integração.

Anual 5 na radical 1

Temas relacionados com os filhos (o mais velho) ou nascimentos, com a gravidez, a arte, a criação ou a criatividade, o gozo, os prazeres, as saídas e/ou os encontros, o jogo, as crianças, as diversões, os presentes, as alegrias ou os momentos agradáveis, as especulações financeiras, e tudo o que, de algum modo, permita à pessoa auto-afirmar-se ou auto-expressar-se serão parte das questões a que ela deverá estar atenta, depositando seus desejos, nos quais terá que decidir ou em que estas situações dependerão dela. Sempre levando em consideração a orientação básica da casa radical.

Anual 6 na radical 2

Esta posição relaciona os assuntos pecuniários com os de trabalho. Neste ano o trabalho implica a elaboração de necessidades e valores ou o uso dos recursos pessoais para sua concretização, para conseguir mais segurança ou satisfação. Pode-se necessitar de mais reflexão, tempo ou estabilidade no trabalho, se o sujeito o realiza de modo independente. Se trabalha em relação de dependência, possivelmente não atenderá às necessidades do ano. Pode haver uma questão de crítica com o trabalho e com a remuneração recebida. Nesse caso, poderia mudar para um outro que atenda às suas necessidades reais mais satisfatoriamente. Na casa 6 é onde se efetua o processo de limpeza, de catarse e depuração. Durante este ano, o processo estará relacionado com as necessidades, os valores, a economia e a atitude individual com relação ao concreto.

O cônjuge estará num ano em que deverá cuidar de sua economia, pois o destino o põe à prova.

O segundo filho pode estar vivendo a mesma situação no que se refere à economia ou nos temas relacionados com valores, recursos e necessidades.

Anual 7 na radical 3

A comunicação será importante para todos os tipos de vínculos que se realizem no ano ou para os já estabelecidos.

Será importante o modo de se comunicar, de falar ou de se expressar nos processos, audiências, em toda sorte de arranjos, acordos ou convênios.

Possíveis dúvidas ou contradições relativas a vínculos em geral ou com o parceiro. Possível infidelidade de algum dos componentes desse vínculo, seja uma realidade ou uma fantasia.

O cônjuge estará atento aos estudos ou aprendizados em geral, como também a papéis relacionados com compras e vendas. Desejos de mudanças, através de alguma mudança ou de casa ou de situação de trabalho (por derivadas, a casa 4 na 2 e a 6 na 4). Tanto o parceiro como o segundo filho e os sócios deles terão de cuidar da economia e revisar os valores ou as necessidades (casa 2 na 12, por derivadas).

Anual 8 na radical 4

As mudanças do ano estão relacionadas com a família, o lar, a residência. Os referentes à família podem ser: a transição de alguém da família ou a forma que a pessoa tem de ser ou de estar no seu contexto familiar. Mudanças em sua base psíquica. A pessoa poderia livrar-se da dependência de velhos hábitos do passado. Se a pessoa tem de resolver problemas relativos à aposentadoria ou pensões, herança ou legados, empréstimos ou créditos, estará indicado nesta sobreposição como o fim de uma etapa e começo de uma nova. Tratando-se de herança, esta está mais relacionada com bens imóveis que com dinheiro. Pagamento de dívidas (entrada ou saída de dinheiro por processos ou demandas). Para o parceiro, indica o fim e o começo de um novo ciclo referente à entrada de dinheiro ou na forma de se relacionar com ele e com suas necessidades. Também pode indicar dinheiro por bens imóveis. Necessidade de mudar ou de ter um lugar mais íntimo na casa. Esses temas também abrangem o segundo filho.

Anual 9 na radical 5

Abertura e expansão da consciência por temas da identidade ou do próprio ser. Espiritualmente se estará elaborando ou compreendendo algo com relação à consciência, aos mecanismos primários vinculados com o amor, o gozo e o lucro, e também, com os filhos. A pessoa poderá elaborar ou compreender algo da relação com seus filhos.

Alegrias por viagens de prazer, por motivos artísticos ou com os filhos. Viagens dos filhos ao estrangeiro ou viagens para ver os filhos fora do país. Esta casa está relacionada com o terceiro filho. Estará dependente de seus filhos, de sua arte, da auto-expressão ou criatividade ou estará num ano de afirmação de sua identidade.

Os temas espirituais afirmam a identidade; pode-se conseguir uma síntese, uma consciência de maior unidade ou um despertar para a consciência da Alma. Esse processo de percepção pode tornar-se profundamente prazeroso.

Anual 10 na radical 6

O acontecimento do ano estará relacionado com o trabalho. A pessoa tem como meta a concretização de projetos de trabalho. A saúde também, o corpo com as dietas e a alimentação ou os exercícios físicos. Investimentos ou mobilização da economia para comprar elementos necessários para tarefas ou para o trabalho individual.

Preocupação pela saúde da mãe no transcurso do ano, ou estando ela ocupada com assuntos de trabalho ou de serviço doméstico. Poderia ser que o acontecimento estivesse relacionado com o parceiro e as preocupações pela saúde de alguém de sua família (esta é a casa 4 do parceiro). Fim e começo, tanto no que se refere ao trabalho quanto a tratamentos de saúde (física ou psíquica).

Anual 11 na radical 7

Planos e projetos de sociedade ou com o parceiro já existente. Esta relação se estabelece por intermédio de amigos ou em algum grupo, ou se conhece de forma invulgar. Projetos relacionados com sociedades ou associações. Projetos para formalizar, legalizar ou institucionalizar algo com outros. Amigos que se casam ou amigos com problemas de relacionamento com parceiros.

A pessoa deveria cuidar dos aspectos formais ou legais de suas atividades, pois o destino a colocará à prova em tudo o que foi mencionado antes (sócios, parceiro, processos, etc.). Estas provas do destino significam entraves, demoras, complicações, que não dependem da vontade e do consciente.

Anual 12 na radical 8

O destino pede que a pessoa elabore, revise ou trabalhe com os medos e os temores em qualquer área, fundamentalmente nas relacionadas com perdas, com a morte e o sexo (sua forma de vivê-lo), com a entrega ou confusões.

Elaboração das mudanças. Provas vinculadas com a morte. Não se trata de morte da pessoa, mas de estados de consciência, de hábitos ou de condutas. Poderia ser que a morte de alguém próximo o levará a um questionamento profundo de sua existência e do sentido da vida. Período de luto.

Deveria cuidar dos temas concretos de dinheiro e de empréstimos, pois estarão sujeitos a entraves, complicações ou confusões.

ASCENDENTE ANUAL NA RADICAL 10

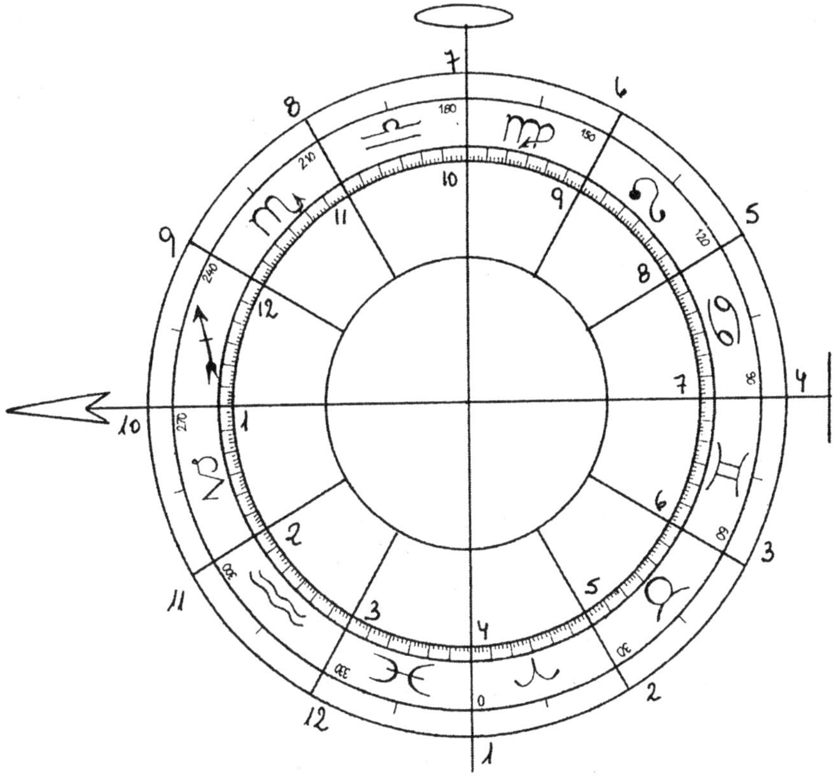

A pessoa estará dependente de suas metas em geral, com relação a empreendimentos existentes no momento do aniversário ou àqueles por realizar no presente período, ou também com relação à profissão. Forte impulso e desejo de realização das ambições e a sua projeção na coletividade.

A atenção pode estar vinculada com a mãe e com temas relacionados com ela. Para os mais jovens, pode-se inferir que seja um ano em que poderiam decidir a profissão ou uma orientação de vida futura, e como desejam ver-se projetados na coletividade (veremos que estas decisões podem ter seus contratempos no desenvolvimento desta sobreposição). As qualidades da casa 10 serão as necessárias para realizar os desejos pessoais, como: empenho, persistência, ambição, compromisso e responsabilidade.

Indica também que a pessoa pode receber ajuda para a realização (casa 7 radical na casa 10 anual).

É possível inferir que o acontecimento concreto tenha relação com a própria pessoa e um período de crescimento ou maturação importante de sua personalidade e o modo de expressar-se ou de projetar-se no social.

Anual 2 na radical 11

As necessidades do ano se relacionarão com os planos e os projetos, com a renovação e mudança deles.

Necessidade de autonomia e liberdade interior nas finanças, sempre levando em conta o estado da casa 11 radical. Necessidade dos amigos ou de grupos para afiançar ou estabilizar os planos. Será preciso revisar o que há com grupos ou com alguma amizade em especial.

Pode trazer planos e projetos econômicos com colegas, amigos ou com dinheiro ganho por algum empreendimento do grupo. Deveria cuidar das finanças, por causa de projetos mais utópicos que reais; ver o signo que cobre essa localização, pois a casa 11 não tem muita noção de materialização (pode vislumbrar ou intuir). É preciso ver se o signo proporciona aquilo de que o setor carece.

Renovação dos valores de vida para uma nova visão do futuro.

Anual 3 na radical 12

Os jovens podem estar num período difícil quanto aos estudos. Se corresponde a um ano em que devem decidir-se por uma carreira, pode haver incerteza ou confusão com a escolha (confirma este dado a sobreposição da casa 12 anual sobre a casa 9 radical). Inclusive, este pode ser um período de graves questionamentos com os estudos que esteja realizando ou com os mestres ou professores.

Nos adultos, certo desassossego, intranqüilidade no plano mental por questões que eles não conseguem entender ou ver com clareza. É um ano ideal para pôr em ordem a mente e as idéias fazendo algum tipo de terapia de apoio, tanto os adultos como as crianças ou adolescentes. Pode-se racionalizar e entender esta bagagem inconsciente que é a casa 12.

Bom para estudos esotéricos, se a pessoa sente atração por eles. Nos temas concretos da casa, deve-se ter cuidado com os papéis de valor e a assinatura deles em compras e vendas. Problemáticas com o meio ambiente imediato ou com os vizinhos.

Possível revisão do vínculo com o irmão mais velho ou, se a pessoa for a mais velha, com o irmão nascido a seguir; problemas que a pessoa tem com ele ou dificuldades que o irmão está tendo. Deve-se entender que o irmão é, neste momento, um espelho de algo que a pessoa tem que considerar com relação a si mesma. Dificuldades na comunicação e na forma de se expressar. Tudo isso pode ser parte do aprendizado imposto pelo destino individual.

Anual 4 na radical 1

Indica que se indagarão temas relacionados com a família, o pai, os bens imóveis, a própria subjetividade, o passado, com as vivências, lembranças, sensações ou sentimentos. A pessoa em seus vínculos familiares, suas raízes, sua base psicológica. Pode-se inferir que (como a casa 10 está no Ascendente do ano e o Ascendente radical está nessa posição) o acontecimento seria uma saída pessoal ou alguma decisão importante para o início de uma nova etapa no desenvolvimento da personalidade, dos desejos ou da consciência de si mesmo. Ano de busca na própria subjetividade ou mundo interior para conectar-se com o inconsciente; possibilidade de maior autoconhecimento. Boa sobreposição para o início de um tratamento psicológico.

Anual 5 na radical 2

Os afetos, a auto-expressão, a criatividade serão parte das necessidades profundas no ano. Os filhos estarão com a atenção voltada para seus recursos, valores, necessidades ou segurança (conforme a idade). Também poderia dizer que a pessoa talvez sinta a necessidade de concretizar sua maternidade ou paternidade.

No amor, as necessidades têm a ver mais com dar forma, concretizar, dar permanência a alguma relação que ofereça segurança ao nativo.

O filho mais velho e seus desejos de segurança podem demandar a atenção da pessoa.

Para investimentos ou especulações financeiras, deve-se olhar o estado cósmico do regente do setor e os aspectos, como também as casas 2 e 8 do ano e seus regentes (todos eles com bons aspectos).

Dinheiro relacionado com arte, com os filhos, com o ensino, os prazeres, as reuniões ou saídas.

Anual 6 na radical 3

Trabalho relacionado com a comunicação, o intercâmbio, os escritos, o ensino. Possíveis deslocamentos por motivos de trabalho ou ativação de diferentes meios de comunicação social. O trabalho levará a pessoa a implementar corretamente suas idéias ou pensamentos. O excesso de movimento mental ou físico poderia acarretar maior desgaste nervoso ou esgotamento físico.

Possíveis mudanças vinculadas com o lugar de trabalho. Viagens curtas ligadas ao trabalho. Compra de elementos para o trabalho. Contatos, conexões, entrevistas por assuntos de trabalho. Tarefas de publicidade ou de promoções, publicidade com os meios de comunicação social, o ensino ou a parte literária. Para a saúde, este é um ano ideal para terapias de apoio, para o corpo ou para pôr em ordem a mente. Tanto no trabalho quanto na saúde pode haver muitas marchas e contramarchas devidas a dúvidas ou contradições (a menos que o regente e seus aspectos estejam dando maior fixação aos projetos relacionados com os temas do setor).

Anual 7 na radical 4

Finalização de um ciclo e começo de uma nova etapa para os temas ligados a sócios, parceiros, matrimônio, processos, demandas, advogados, contratos ou convênios, relações com instituições ou com o segundo filho.

Possível reformulação das relações em geral, com os outros e com o social. O parceiro (por derivadas, é a casa 4 sobre a casa 1) estará dependente de temas familiares, de desejos de mudança ou resolvendo temas de bens imóveis (casas, terras, campos, etc.). Deverá cuidar de tudo que tenha a ver com papéis de valor e sua assinatura, com as compras e vendas, com a relação com os irmãos ou com sua comunicação, porque sua mente não estará passando por um período de clareza (a casa 3 sobre a 12, por derivadas, a partir da casa 7).

O segundo filho da pessoa também terá um ano com certa ciclotimia ou instabilidade pessoal. Possíveis problemas com os irmãos, com seus estudos ou com o aprendizado.

Anual 8 na radical 5

A transformação que se produz no transcurso do ano está relacionada com o amor, com o modo de amar conforme seus vínculos primários, com os instintos. A consciência individual está numa etapa de mudança e, com ela, a auto-expressão, a auto-estima. Mudança com relação aos filhos e à forma pela qual expressa sua maternidade ou paternidade, fundamentalmente com o filho mais velho. Se não há filhos, esta poderia ser a sobreposição indicada para a transformação pela concepção de um filho. Possivelmente, a relação com a perda dos afetos ou filhos seja mais pela maneira de encarar os problemas que pelas perdas reais. Pode indicar na mulher grávida o nascimento do filho e o medo de soltar ou perder o estado de gravidez e a separação do filho do ventre materno. Deve-se trabalhar isso profundamente, porque pode existir uma resistência psíquica para soltar.

Anual 9 na radical 6

Espiritualmente estarão sendo elaborados os temas relacionados com o trabalho: forma de encará-lo ou desenvolvê-lo e, possivelmente, algo estará se processando em nível de compreensão profunda, visão global e organizadora referente a ele. De novo, poderíamos inferir que os tratamentos terapêuticos (seja qual for o estilo) seriam amplamente favoráveis, devido ao ordenamento e organização interna e a capacidade para compreensão e síntese que a pessoa poderia alcançar.

Viagens ao estrangeiro ou relações com o estrangeiro por motivos de trabalho. Trabalho vinculado com comércio exterior (importação e exportação). Trabalho relacionado a questões políticas ou com o ensino superior.

Trabalhos de pensamento, abstração, escritos, cultura, educação.

Anual 10 na radical 7

O acontecimento concreto do ano está relacionado com o matrimônio e os projetos compartilhados com o cônjuge (concretizar uma convivência, a separação, mudanças, etc.). Também poderiam ser projetos para associar-se, levar a cabo processos judiciais ou sua resolução. As metas do ano da pessoa estarão influenciadas pelas relações com outros, seja ajudando ou obstruindo.

Os projetos do ano têm a ver com o social ou com a necessidade de revisar o seu eu social. As metas relacionadas com a legalização dos projetos, da atividade ou da empresa existente ou institucionalizá-la.

Anual 11 na radical 8

Os planos, os projetos, os amigos, os grupos de pertinência, as projeções para o futuro estarão num período de transformações. Os projetos no ano com relação a dívidas, aposentadoria ou pensões, ou dinheiro vinculado com herança ou legados. Podem surgir certos medos referentes ao próprio futuro ou estados de intranqüilidade pelo mesmo, nascidos das mudanças que estão ocorrendo. Perdas relacionadas com afetos ou dinheiro.

A pessoa poderia estar com a atenção voltada para as mudanças ou crises de algum amigo. Mudanças profundas com relação à atuação do grupo ou à consciência universal ou cósmica.

Anual 12 na radical 9

O aprendizado que o destino individual propõe para a pessoa estará relacionado com o estado de consciência individual, com suas crenças, sua confiança e fé no desenvolvimento ou no desenrolar de sua vida e dos acontecimentos. Os possíveis entraves, demoras ou questionamentos terão a ver com a dissolução de crenças inconscientes ou com as crenças religiosas. Dúvidas ou incerteza com relação aos estudos superiores ou universitários, ou a situações que relacionem a pessoa com o estrangeiro. Sua cosmovisão ou sua visão global do mundo e suas idéias com relação à vida em geral está se dissolvendo em função da ampliação da consciência.

ASCENDENTE ANUAL NA RADICAL 11

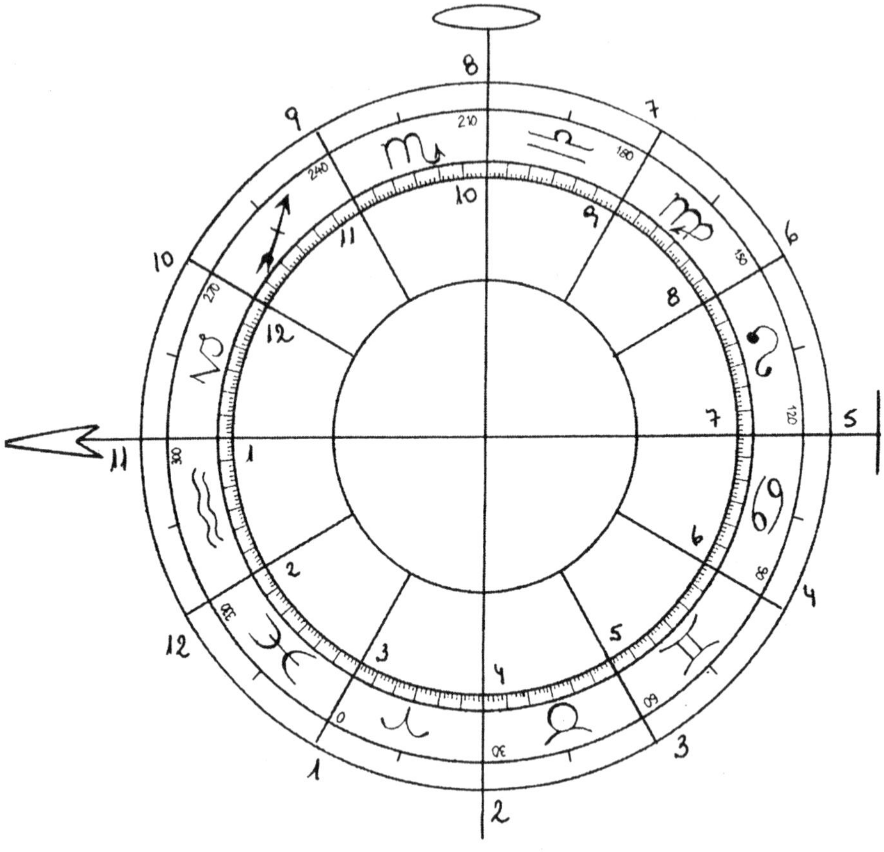

A atenção pessoal do ano está orientada para os amigos e as relações sociais (grupos, tanto de trabalho quanto de colegas, em clubes, entidades de bem público ou lugares onde as pessoas se reúnem por afinidade).

A pessoa estará orientada para os planos e projetos que deseja realizar durante o ano e para aqueles que pode estar planejando para o futuro.

Elaboração ou revisão dos desejos que deram origem a projetos anteriores a este ano e do resultado das ações ou atitudes pessoais para sua realização.

As conquistas podem depender, em grande medida, dos amigos ou dos conhecidos.

Pode-se responder pela própria conduta diante do grupo, pelo serviço desinteressado e pela relação com o coletivo, pela universalidade da consciência e pela fraternidade humana. Consciência da contribuição voltada para o bem comum que a própria atividade pode produzir na totalidade. O futuro, o porvir ocupam, concretamente, a atenção da pessoa.

Desejos de autonomia e de expressão da liberdade individual. A pessoa sentirá que precisa de mais espaço para poder respirar livremente e tempo para realizar suas metas. Ano ímpar ou carregado de descontinuidades, tanto pela modalidade que terá a personalidade, quanto pelas situações alheias à pessoa.

A conduta oscilará entre a sociabilidade e a insociabilidade. Fortes desejos de solidão e de retiro dentro de si mesmo.

Anual 2 na radical 12

Este é um ano carregado de incertezas no aspecto econômico e no estado financeiro da pessoa. As necessidades serão, possivelmente, pouco claras ou confusas, devido, talvez, a que a casa 12 funcione (como é sua analogia) como solução de questões demasiado obstinadas, de resistência a soltar valores ou a necessidades que não servem mais, ou resistência a aceitar ou deixar entrar novas necessidades. Possíveis entraves, demoras ou complicações vinculadas com o dinheiro (tanto no que se refere à entrada quanto à saída).

Será um ano interessante para trabalhar internamente e aprender aquilo que o destino individual quer lhe mostrar com relação a seus valores e pertinências e ao seu manejo do dinheiro (símbolo material externo de como se lida e se relaciona com seus valores internos). Este aprendizado apela para a consciência da economia, ao modo como cuida e valoriza seus pertences, se é claro para expressar ou concretizar suas necessidades, ao modo como concretiza ou materializa suas necessidades ou desejos, como dá e como recebe. Ano em que deverá cuidar-se para não ser enganado em questões econômicas e em falsas expectativas. O dinheiro deverá ser ganho com muita transparência e com honestidade. Ano em que deverá cuidar-se de gente inescrupulosa que queira enredá-lo. Deve se abster de tudo o que não seja claro — dinheiro ganho irregularmente — ou de coisas encobertas com relação ao dinheiro, ou se a pessoa deseja esconder o estado tanto de suas finanças como de suas necessidades.

Do mesmo modo, para qualquer afirmação, deve observar o estado da casa 2 radical, os aspectos de seu regente e o planeta Vênus, seus aspectos e presença.

Anual 3 na radical 1

A pessoa estará pensando em si mesma. As idéias e os pensamentos giram permanentemente em torno do próprio ser, com suas modalidades, condutas e desejos. Pensar o que se é, aquilo que se quer ser ou fazer. Ano bom para entender racionalmente as próprias atitudes. A atenção pessoal pode estar também na relação com os irmãos, nos estudos, na comunicação (tanto no ativo, expressando-se, como no passivo, ouvindo), nos escritos e questões literárias, nas diferentes formas de comunicação social (rádio, televisão, etc.), expressando seus conhecimentos. Também pode ser reclamado pelo meio ambiente para essas questões. Os contatos e as conexões serão os temas que a pessoa deverá ativar ou que vão demandar a sua atenção.

Anual 4 na radical 2

Fim e começo para as questões relacionadas com o dinheiro, os meios e as formas de ganhá-lo. Também indica início de um novo ciclo nas necessidades e nos valores da pessoa.

Pode significar, inclusive, dinheiro vinculado com a família: a pessoa ajudando a família ou o dinheiro da família ajudando a pessoa. Necessidade de ter seu lugar, seu espaço, de conquistar um lugar dentro da casa ou de ter sua própria casa e, como conseqüência, dinheiro para comprar ou alugar uma casa. Em relação ao interior, a pessoa pode precisa conectar-se com suas emoções, lembranças e vivências guardadas como um precioso tesouro no seu inconsciente. Necessidade de estar mais para dentro, resgatando valores que ficaram guardados no seu mundo interior (a casa 4 é o inconsciente pessoal e o terreno, as raízes, a base psíquica na qual o sujeito está apoiado). Poderia, então, indicar a segurança proveniente das bases ou a conscientização destas e dos recursos que vêm delas. Pode estar ocupado com as necessidades da família, pode indicar dinheiro por transações imobiliárias ou por questões de administração de terras ou por produtos que provenham dela.

A pessoa pode precisar elaborar algo com relação ao pai.

Anual 5 na radical 3

Pode significar várias coisas.

As recompensas e prazeres do ano podem provir de viagens curtas, por questões afetivas, esportivas ou pela arte.

Estudos relacionados com a arte. Contatos e relações que a pessoa tem por causa de sua arte, para divulgá-la ou vendê-la.

Se a pessoa tem filhos, os estudos deles ou do filho mais velho principalmente (pois a casa 5 é o filho mais velho, por derivadas), será tema de atenção, como também seu processo mental ou de comunicação.

Se não tem filhos, este será um tema muito pensado ou elaborado, sem chegar a grandes resoluções devido às dúvidas ou contradições.

Pode dar inclinação para as questões literárias, para a arte relacionada com a mente, com as idéias ou a comunicação (verbal, escrita, gestual, mímica).

Pode dar prazer proveniente de palestras, conferências ou pelo ensino.

No amor, devemos olhar qual é o regente e quais os aspectos, mas inclino-me a pensar que a pessoa se encontra num período em que está sendo muito pensado, que pode ter contradições nos diálogos e na expressão dos sentimentos e de suas dúvidas.

Pode trazer múltiplos encontros, muito movimento por eles ou por romances e seduções, mas tudo sem demasiada permanência (isso dependerá dos regentes, dos aspectos e signos).

Anual 6 na radical 4

Pode significar preocupação com a saúde de um familiar. Possibilidade de iniciar um ciclo novo para as questões de saúde, tanto no físico como no psíquico. Podem ser tratamentos terapêuticos no seu início ou final, dietas, regimes, trabalhos corporais.

Pode indicar fim ou começo nas questões de trabalho. Às vezes, assinala mudanças do hábitat físico de trabalho, desejos de iniciar um novo modo de encarar o trabalho ou a relação com pessoas dentro dele. Início de novas relações com chefes, colaboradores, companheiros de trabalho ou pessoal doméstico.

Mudanças físicas vinculadas com a idade. Tratando-se de adolescentes, essa sobreposição pode indicar, nas mulheres, o início do período menstrual e, no homem, seu desenvolvimento. Se essa sobreposição corresponde à idade madura, poderia indicar o fim do ciclo feminino. Seria preciso observar com atenção o planeta Vênus e a Lua nos temas femininos e alguma relação com a casa 8 (pela morte de um ciclo que produz transformações profundas) para determinar as mudanças nos seus ciclos menstruais. Para as idades intermediárias, o fim de algum órgão físico ou de alguma enfermidade, para as quais deva fazer uma cirurgia, o planeta Marte deveria estar envolvido com a casa 6 ou estar nela.

Essa sobreposição tem relação com a casa 8 anual na casa 6 radical, que se realiza também este ano; logo a veremos.

Anual 7 na radical 5

Ano propício aos vínculos e às relações sociais em geral ou com o parceiro. Projetos compartilhados ligados a saídas, prazeres, encontros.

Projetos pelos filhos ou para ter filhos, devido ao fato de o casal estar dependendo o ano todo dos filhos nascidos ou desejos relacionados com filhos. Em geral marca anos para o casal. Anos de felicidade ou de alegrias do casal (sempre vendo os regentes e os aspectos).

Alegrias por acordos, convênios ou contratos que favoreçam a pessoa, por tratar-se da casa 5, que, em geral, é uma casa feliz, promissora. Pode-se viver como o presente que a existência oferece ao nativo.

Anual 8 na radical 6

As mudanças estão relacionadas com o trabalho, tanto por mudanças concretas de trabalho como por modalidade ou orientação (por exemplo: tornar o trabalho mais operante). Pensará muito sobre as transformações neste nível (a casa 8 é a casa 3 a partir da casa 6, por derivadas). Mudanças para o físico motivadas por inquietação profunda, por medo de doenças ou por sentir que há uma morte relacionada com alguma função corporal; ver e sentir a transformação do seu corpo. Tem relação com a sobreposição da casa 6 anual na casa 4 radical. Mudanças no corpo que trazem emparelhadas muita intranqüilidade, inquietação ou ansiedade.

Ano para transformar estilos com relação à alimentação ou à consciência do corpo, os exercícios, etc. A saúde pode passar por períodos de crise com momentos de muita energia, e por outros sentindo-se sem energia, pelo desgaste que produzem as correntes subterrâneas de inquietação ou intranqüilidade psíquica. Para a vitalidade, observar se os astros, tanto do radical como no ano, estão com aspectos harmônicos. Isso vai ajudar a harmonia no fluxo da energia vital e, portanto, na saúde. Se as luminárias, o Ascendente anual e o governante estão com aspectos desarmônicos, isso pode trazer uma deficiência ou uma corrente instável de energia vital.

O Sol é a energia vital e a Lua (água) conduz esta energia, com a qual o Ascendente (corpo) terá saúde boa ou deficiente. Mudanças produzidas pelos ciclos da vida; por exemplo, pelo ciclo menstrual nas mulheres.

Anual 9 na radical 7

Espiritualmente vão ser elaborados os vínculos, os relacionamentos em geral e o parceiro.

Reformulação de conceitos, formas de concepção, de compreender e viver os vínculos e o casal, os modelos ou padrões de conduta com relação ao modo de compartilhar ou de interagir, compreensão da reciclagem da energia. Pode incluir a possibilidade de compreender as condutas inconscientes que projetamos nos outros.

Poder-se-ia estar pensando sobre uma sociedade formada ou por formar.

Trâmites, questões legais ou legalizações para viagens ou por questões relacionadas com o estrangeiro. Associações, contratos ou convênios com alguém do exterior. Viagens dos sócios ou com eles. Projetos de viagens compartilhados. Este não é um ano no qual a pessoa queira ou deseje viajar sozinho. As viagens podem realizar-se com o parceiro ou por ele. Para verificar se as viagens serão feitas no ano, observar o regente da casa 9 (onde está presente e seus aspectos), também considerar a Lua e Mercúrio, porque, se estiverem em signos de modalidade operativa fixa e com aspectos hostis, pode ser que essas viagens não se realizem ou demorem, ou se é conveniente realizá-las, se estão com muito bons aspectos com planetas benéficos ou harmônicos (Júpiter, Vênus) e em casas mutáveis.

Questões políticas ou processos mais complexos que requeiram um tribunal de justiça ou a Suprema Corte.

Anual 10 na radical 8

O acontecimento concreto do ano pode estar relacionado com os seguintes temas:

A transição física de alguém próximo à pessoa.

Possível concretização de empréstimos pedidos antes do início desta revolução, ou que a pessoa possa ter como projeto solicitá-los. Se o crédito já havia sido outorgado, as metas serão as exigências, responsabilidades ou pressões internas pelo pagamento de dívidas ou obrigações de pagamentos (não se deve esquecer que a casa 10 corresponde a Capricórnio no zodíaco fixo e este não gosta nem se sente bem com as dívidas).

Se devem dinheiro à pessoa ou ela tem que cobrar (por dívidas, herança, legados, aposentadoria ou pensões) este será, então, o acontecimento concreto do ano.

O relacionamento com a mãe estará num período de transformações. Pode ser que o estado geral dela inquiete a pessoa. Mudança importante no vínculo com a mãe. Ela estará num ano (conforme a idade) de medo da morte ou de perdas em geral, ou de uma mudança importante em sua existência.

A pessoa poderia estar em crise e em mudança nas suas metas, no seu projeto de vida, na profissão ou nas empresas. Mudanças da auto-imagem projetada no social; medo relacionado com a perda de prestígio, do *status* ou da posição conquistada. Como veremos na sobreposição da casa 12 anual na casa 10 radical, tudo isto é parte de uma necessidade de revisão imposta pelo destino.

Anual 11 na radical 9

Os planos e projetos que se referem a viagens ou relações e contatos que o nativo queira ou necessite fazer com o estrangeiro. Amigos do estrangeiro ou no estrangeiro.

A visão do futuro ou do porvir está ligada à busca e ao desenvolvimento de temas espirituais, filosóficos, religiosos. Projetos de estudo ou de formação superior ou ensino. Os amigos, os grupos a que pertence estarão relacionados com aquilo que constitui a busca ou o caminho que está empreendendo.

Poderá compreender as relações com os amigos ou a atividade com algum grupo específico.

A abertura e a expansão social, cultural e espiritual serão os planos e os projetos que interessarão à pessoa no ano. Visão aberta, confiante, generosa, plena no porvir ou futuro dos planos.

Proteção e ajuda generosa de amigos, conhecidos e colegas.

Anual 12 na radical 10

As provas (no sentido de aprendizagem) que o destino estaria impondo à pessoa estão relacionadas com suas metas, com sua profissão, com os empreendimentos que esteja realizando ou ao modo como estão se realizando. Este é um ano carregado de incertezas com relação às metas, devido à dissolução ou purificação produzida nessa área.

Pode, também, significar revisão de conquistas ou resultados que a pessoa obteve até o momento e questionamento do modo de agir, aquilo que deve dissolver ou soltar para obter alguma mudança significativa nas suas satisfações. Essa sobreposição tem relação com a casa 10 anual na casa 8 radical que antes desenvolvi. A mudança e dissolução parecem algo necessário por causa da profunda insatisfação da pessoa com relação às suas conquistas ou objetivos de vida. Ela pode precisar de tempo para entender o sentido e o significado das mudanças que estão acontecendo na sua existência. Na visão global, vemos que as casas de terra radical estão nas de água no ano e as de água radical estão nas de terra anual. Por exemplo, a casa 2 anual na casa 12 radical, que não se vê claramente com respeito às verdadeiras motivações dos desejos ou necessidades que é necessário re-significar, ou a necessidade de ver as condutas inconscientes que deveriam tornar-se conscientes no atual processo de evolução da alma humana.

ASCENDENTE ANUAL NA RADICAL 12

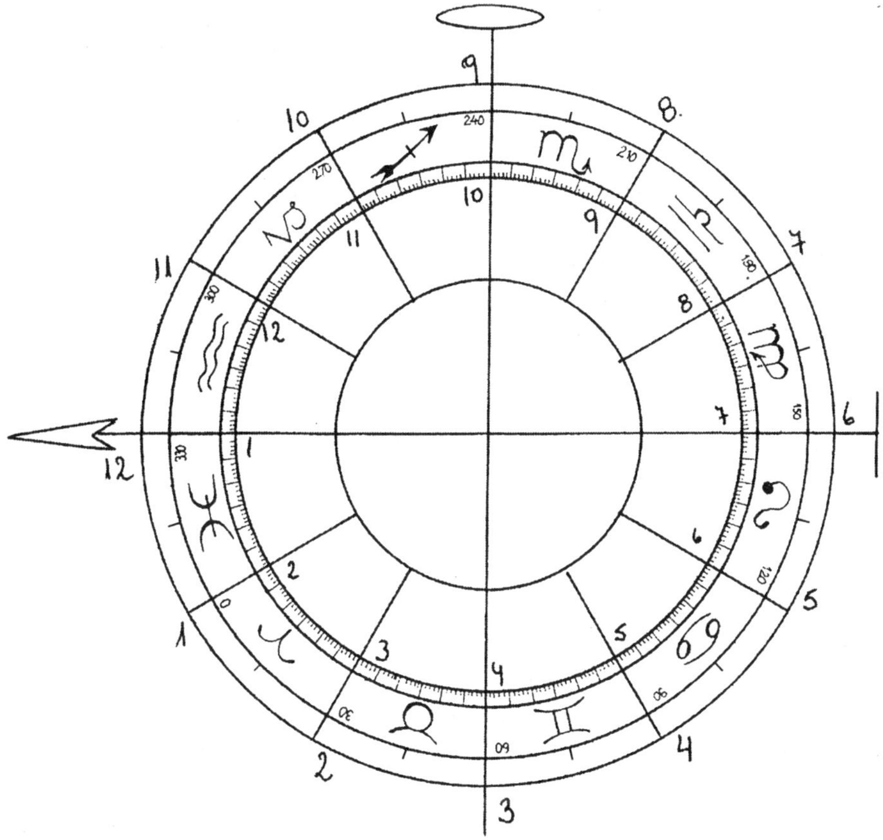

Este será um ano para poder trabalhar, buscar e compreender esta casa, que é uma caixa de Pandora. Pode-se aprofundar e conscientizar o que se é inconscientemente e aquilo que se faz apesar de si mesmo, sem perceber.

A casa 12 é o último setor do quarto quadrante, o das realizações, o do SER e do processo de individualização. O Ascendente anual na casa 12 cria a possibilidade de revisar os fatos, os resultados que se obtiveram num determinado tempo e a conduta da pessoa nesses atos. Não se pode esquecer que essa sobreposição ocorre aos quatro, oito, doze, dezesseis anos, e logo o indivíduo passa um longo período (até os 37 anos) em que não volta a ter o Ascendente na sua casa 12. A partir dessa idade, a cada quatro anos repete-se uma série de Ascendentes em 12. Isto poderia indicar que o ser está mais maduro para enfrentar o próprio destino, para reconhecer e compreender suas modalidades ou tendências inconscientes.

O destino agirá de acordo com a lei da necessidade, isto é, com o que a pessoa necessite viver ou conscientizar, mesmo que tenha condutas de negação ou de resistência.

É preferível sempre que a própria pessoa enfrente os fatos ou realize uma busca conscientemente, em vez de estar movido pelo destino. A evolução não se detém. Não há nada fixo, estático, imóvel ou quieto no universo. A natureza tem horror ao vazio da consciência; é esta que impele ao crescimento. Quem habita nesse corpo deve despertar do seu sonho eterno; e o fará de um modo voluntário e consciente ou pelos acontecimentos que a existência vai lhe colocando. Isso não evita que o ser que está buscando conscientemente passe por momentos em que seu destino individual lhe apresente situações que não tenha procurado conscientemente.

Este é um ano de introspecção e busca. Costuma ser chamado de ano kármico, em que a pessoa deverá estar atenta não apenas ao exterior — como vão se tecendo as situações de aprendizado — mas também ao interior: as próprias vivências, reações e estados, com a possibilidade de compreender o que está vivendo e o sentido que isso possa ter para a pessoa.

Para mim, a casa 12 são as costas, aquela zona do corpo que é mais difícil de se ver. Isto é, pode-se ver com espelhos ou outros a podem ver. A pessoa vai reconhecer seus aspectos inconscientes pelo reflexo dos outros. O outro será o mestre que estará mostrando partes da totalidade inconsciente. Os inimigos ocultos — de que se falava na Antigüidade para interpretar este setor — não são mais do que aspectos negados, esquecidos ou tolerados de si mesmo. Os espelhos são objetos do mundo material que têm analogia com Netuno, regente natural da casa 12 no zodíaco fixo.

Por essa sobreposição infiro que este é um ano ideal para poder trabalhar com mais facilidade esses elementos inconscientes que existem, apesar de serem difíceis de se ver ou reconhecer. Esta zona está relacionada com o passado de cada um (tanto se considerarmos o conceito da reencarnação como o da genética). Com qualquer dessas concepções, é aquilo que constantemente reeditamos ou construímos, e que não deveria ser esquecido.

Durante os anos com o Ascendente na casa 12 radical é preciso estar alerta e atento a si mesmo: o que se move, o que se sente, como se sente e para que servem essas vivências ou acontecimentos, o que pode aprender consigo mesmo que lhe permita incluir novos aspectos. Resistir ou negar o processo pode causar problemas à saúde.

Se existem planetas na casa 12 radical, eles estarão, pela sobreposição, na casa 1 do ano. O papel que ocuparão esses planetas no ano é de vital importância para sua conscientização.

Anual 2 na radical 1

As necessidades do ano estarão ligadas à própria pessoa: necessidade de autoconhecimento, de estar mais tempo consigo mesmo, de tomar decisões pessoais relacionadas com seus valores, pertinências, recursos internos ou concretos (tema econômico e estado financeiro). A pessoa está dependente de alguma decisão pessoal com relação a seus valores em geral: quais são os seus recursos, como lida com eles e como administra suas finanças. A pessoa precisa conectar-se e revisar o que quer e o que necessita realmente. Parte das necessidades do ano — casa 2 — consiste em afirmar, enraizar e estabelecer o seu eu, com seu desejo de se sentir seguro.

Anual 3 na radical 2

A mente e os pensamentos serão orientados para os temas relacionados com valores, recursos ou finanças. Essa sobreposição pode dar: dinheiro por compra ou venda, dinheiro que pode depender de contatos, conexões, intercâmbios, relações públicas, comunicações, empréstimos de irmãos ou resolver algo econômico com eles, etc. Pode-se pensar em formas de dar mais constância e segurança à própria existência, como, por exemplo, fazer algum seguro de vida. A pessoa pode ter necessidade de fazer viagens curtas que tenham a ver com negócios, cursos ou aulas. Pode sentir a necessidade de estudar, de aprender ou escrever. Dinheiro por publicações ou para promover atividades.

Anual 4 na radical 3

Marca o fim e o começo de uma nova etapa (casa 4) com relação ao modo de se expressar ou de se comunicar da pessoa. Também no que se refere a estudos, escritos, questões de compras, vendas ou papéis vinculados com bens imóveis, papéis relacionados com os irmãos ou com a família. Pode ser um ano de mudanças.

A família e a comunicação, principalmente com o pai, serão o centro da atenção mental da pessoa. Lembranças e vivências do passado guardadas no íntimo poderão ser resgatadas. Mudanças por questões de bens, por compras ou pela família. Notícias da família, cartas, mudança de ou com vizinhos. A pessoa expressa suas idéias diante da família. Mobilização da comunicação familiar.

Fim e começo de processos terapêuticos.

Anual 5 na radical 4

Inicia-se um novo ciclo no amor, nos afetos, nos prazeres, na relação com os filhos ou por gravidez. Alegrias com relação à família e por questões do lar ou por presentes. Notícias de casamento ou gravidez. Abrem-se etapas ligadas à arte ou à criatividade da pessoa e também ao estado de consciência individual. Início ou fim para investimentos ou especulações financeiras. Neste aspecto, convém estudar com atenção os regentes das casas 5 e 2 anual e radical, seus aspectos e presenças, para determinar se é um bom ano para se orientar nesse sentido. Deve-se observar, inclusive, como se encontra o planeta Vênus, pela sua analogia com o dinheiro.

O filho mais velho atento à mudança, à família e ao início de uma nova etapa pessoal. É preciso ver a sua idade, porque ele pode ter certa dificuldade com os estudos, com o aprendizado, com papéis, com irmãos. Ano em que ele pode estar complicado ou com dificuldades para falar ou expressar sua idéias ou pensamentos. Revisão de sua estrutura mental, pelo fato de a casa 3 se sobrepor à sua casa 12, por derivadas.

Anual 6 na radical 5

O trabalho deverá expressar algum tipo de criação ou criatividade individual, gratificante, prazerosa. Auto-afirmação ou reconhecimento no trabalho.

O trabalho envolve o aspecto social (reuniões, encontros, festas ou organização de algum evento), prazeroso. Ano para arrumar ou embelezar o local de trabalho ou o corpo. Criar laços afetivos dentro ou por situações de trabalho. Não implica, necessariamente, amor no trabalho, mas que o trabalho pode promover situações felizes. Pode ser um ano para afirmar a própria auto-estima e autovalorização pela sua função no trabalho.

Convém criar condições de trabalho mais gratificantes ou de maior compromisso individual. Pode trazer presentes pelo trabalho. A saúde dos filhos pode, às vezes, preocupar. A pessoa estará dependente dos empregados ou do pessoal doméstico, da gravidez, filhos, amores, etc.

Anual 7 na radical 6

Envolve novamente o social e o trabalho. Desejo de projetar-se ou de projetar o trabalho no social ou que haja maior difusão. Contratos, acordos ou convênios de trabalho, ação que vai depender de outras pessoas.

Questões de processos ou demandas trabalhistas ou de saúde; ou de problemas criados pelos trabalhadores que dependem da pessoa. Trabalho ligado a alguma instituição.

Institucionalizar, legalizar ou formalizar o trabalho individual ou alguma sociedade. Parceiro voltado para o trabalho ou para questões de saúde.

O parceiro deveria ter cuidado com as sociedades, como também com processos judiciais. Não é conveniente iniciar novas sociedades ou começar novos litígios, pelo fato de a casa 12 na casa 1 corresponder, por derivadas, à casa 7 do parceiro, estando num período de provas ou de dificuldades todos os temas referentes a essa casa.

Anual 8 na radical 7

Durante este ano, as mudanças estarão relacionadas com o parceiro e com a forma de convivência ou de interação com os outros em geral.

A transformação se realizará nos vínculos, nas relações. A consciência que o sujeito tem de si com relação aos outros, até o momento, estará passando por um processo de morte e renascimento. As sociedades, a relação com sócios ou com algum vínculo institucional podem ser questionadas. As situações que se apresentem nesses temas ou com essas pessoas levarão a pessoa a necessitar ou a desejar mudar a maneira de se relacionar.

Aquilo que o Ascendente radical na casa 2 do ano está assimilando ou processando como necessidade deverá ter reflexos nesta sobreposição, à maneira em que este eu se vincula com o mundo externo. Porque o germe ou a semente de qualquer problema na casa 7 deve ser procurado na casa 1, que é a sua oposta.

Dinheiro proveniente ou relacionado com processos, demandas, assuntos legais vinculados com pensões, aposentadoria ou trâmites para a cobrança de herança ou de legados. A antiga e simples interpretação da morte do cônjuge não deveria entender-se de forma literal. Muitas vezes, essa sobreposição encontra-se em gente já separada ou viúva e, na verdade, pode significar o ano em que a pessoa elabora o luto ou corte definitivo, deixando morrer internamente um velho vínculo que a retinha no passado. Poderia ser um ano para questionar divórcios ou mudanças na forma de estar ou de ser do casal.

Independentemente de como se materialize externamente a mudança, o básico é a mudança de padrão de consciência e conduta com relação ao social ou ao parceiro. As condutas que se deve deixar morrer para viver vínculos mais plenos ou satisfatórios.

Anual 9 na radical 8

Pode-se interpretar em vários planos:

Mudanças por estudos superiores ou universitários, ou um momento de crise com relação eles.

Morte de conceitos, ideais, crenças ou filosofias de vida. A revisão ou questionamento da cosmovisão individual, como também das crenças inconscientes ou dos dogmas. Não importa a que plano se refiram: pode ser a religião, a política ou a espiritualidade.

Os lutos poderiam estar sendo elaborados, problemas relacionados com o medo, a morte, o sexo, as perdas ou as mudanças. Ano de inquietação espiritual pelos temas ou, por analogia, por dívidas ou créditos.

O estado de consciência e de capacidade para conexão ou compreensão global estariam num tempo de profunda transformação.

Dinheiro vinculado com o estrangeiro, inquietação por viagens ou por notícias provenientes do estrangeiro.

O parceiro ou os sócios estarão num momento de crise mental, inquietude ou obsessão pelas obrigações de pagamento e questões econômicas. Dificuldades para expressar ou comunicar os pensamentos, retração e ensimesmamento.

Anual 10 na radical 9

Esta sobreposição anual pode resultar em várias possibilidades que dependerão da idade, da orientação e da busca que cada indivíduo tenha na vida.

Algumas delas são:

O acontecimento concreto do ano e as realizações estão relacionadas com viagens ou projetos da pessoa no estrangeiro ou com estrangeiros.

O acontecimento pode ser uma busca espiritual, mística ou religiosa ou a realização de uma maior abertura da consciência. Concretização de aspirações de vida. Ano para a elevação da consciência do ser.

O acontecimento concreto do ano pode ser realizar projetos de estudos superiores ou universitários, ou de temas espirituais, religiões comparadas, etc. Metas relacionadas com o ensino universitário.

A expansão e ampliação dos projetos de vida e uma compreensão mais ampla com relação à própria projeção poderia ser a realização do ano.

Para afirmar a possibilidade de viagem ao estrangeiro (por prazer, negócios ou pela profissão), deve-se analisar o nono setor e os planetas regentes com seus aspectos. Os planetas que têm relação com viagens ou deslocamentos (Mercúrio e Lua) que não se encontrem em signos fixos ou com aspectos duros ou críticos com Saturno nem com nenhum dos transpessoais. Observar com atenção inclusive o regente da casa 10 do ano, que seguramente é o regente da casa 9 radical, para ver se as viagens se realizam e, em caso afirmativo, se têm resultados favoráveis.

Anual 11 na radical 10

Planos e projetos relacionados com as metas e a realização daquilo que seja importante para a pessoa como meta de vida ou para realizar no ano em curso.

Poderia analisar-se como uma criação ou visualização mental de projetos de vida relacionados com o porvir, projetos de longo alcance que possivelmente verão a luz em anos futuros, mais que no ano em curso. As metas do ano envolvem amigos, grupos, questões grupais, colegas ou instituições. Projetam-se empresas individuais ou profissionais.

Projetos para tornar-se independente no trabalho ou profissionalmente.

Os amigos ou as tarefas grupais serão também parte dos temas concretos do ano.

Anual 12 na radical 11

As provas do ano estão relacionadas com uma revisão do sentido da amizade, das possíveis resistências de compromisso pessoal com um contexto mais amplo (consciência de solidariedade social, universal, fraternal).

Pode trazer como aprendizado experiências ligadas a amigos ou grupos de trabalho. O ano todo será para revisar e aprender as lições que o destino individual está apresentando, relacionado também com a própria visão do futuro. As sobreposições têm um fio e uma coerência, porque se poderá observar como a casa 3 radical está sobre a 4, a casa 7 sobre a 8 e a casa 11 radical sobre a 12, que todos os setores que, no radical, estão relacionados com as diferentes etapas do vincular, no ano estão nos setores de dissolução ou mudança. Pode-se inferir, então, que os possíveis entraves ou demoras no ano terão a ver com os planos e projetos e que sua realização está exigindo da pessoa algum tipo de dissolução da própria forma de criar ou projetar-se.

INTERPRETAÇÃO DE REVOLUÇÃO SOLAR

RADICAL VICTORIA

Natal para Victoria
6 outubro 1929 Tempo: 09:36:00 Zona: 04
Buenos Aires Lat: 34:36:00 S Long: 058:27:00 O

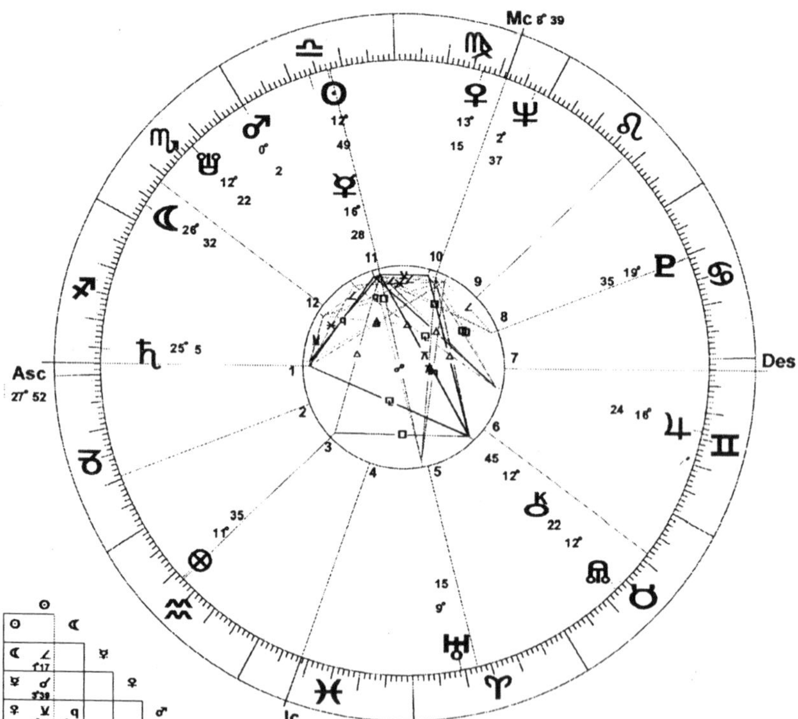

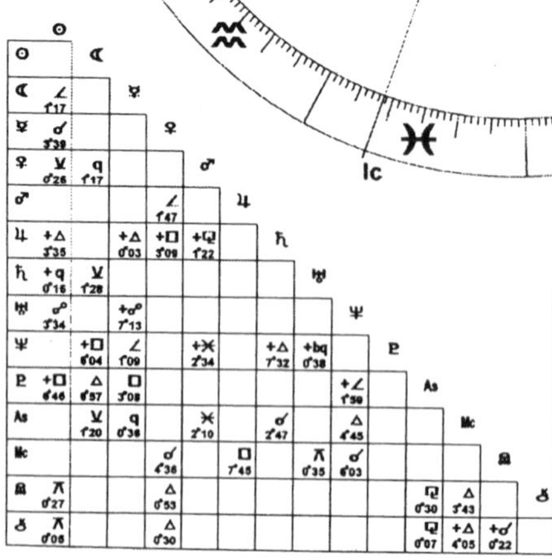

		Tropical		
		Real		Topocêntrico
Cardeal	4	☉ 12 ♎ 49 2 (11)	As	27 ♐ 51 50
Fixo	2	☽ 26 ♏ 32 18 (12)	2	19 ♑ 24 32
Mutável	4	☿ 16 ♎ 27 45r (11)	3	11 ♒ 54 12
		♀ 13 ♍ 14 59 (10)	4	8 ♓ 39 24
Fogo	2	♂ 0 ♏ 2 10 (11)	5	12 ♈ 24 15
Terra	2	♃ 16 ♊ 24 24r (6)	6	21 ♉ 21 15
Ar	3	♄ 25 ♐ 4 47 (12)	7	27 ♊ 51 50
Água	3	♅ 9 ♈ 14 46r (4)	8	19 ♋ 24 32
		♆ 2 ♍ 36 31 (9)	9	11 ♌ 54 12
Tempo Sid		♇ 19 ♋ 35 24 (8)	Mc	8 ♍ 39 24
16 41 7		☊ 13 ♉ 30 51r (5)	11	12 ♎ 24 15
		[illegible] 12 ♉ 22 18 (5)	12	21 ♏ 21 15

REVOLUÇÃO SOLAR DE VICTORIA

Círculo externo, Revolução Solar; círculo interno, Mapa Natal

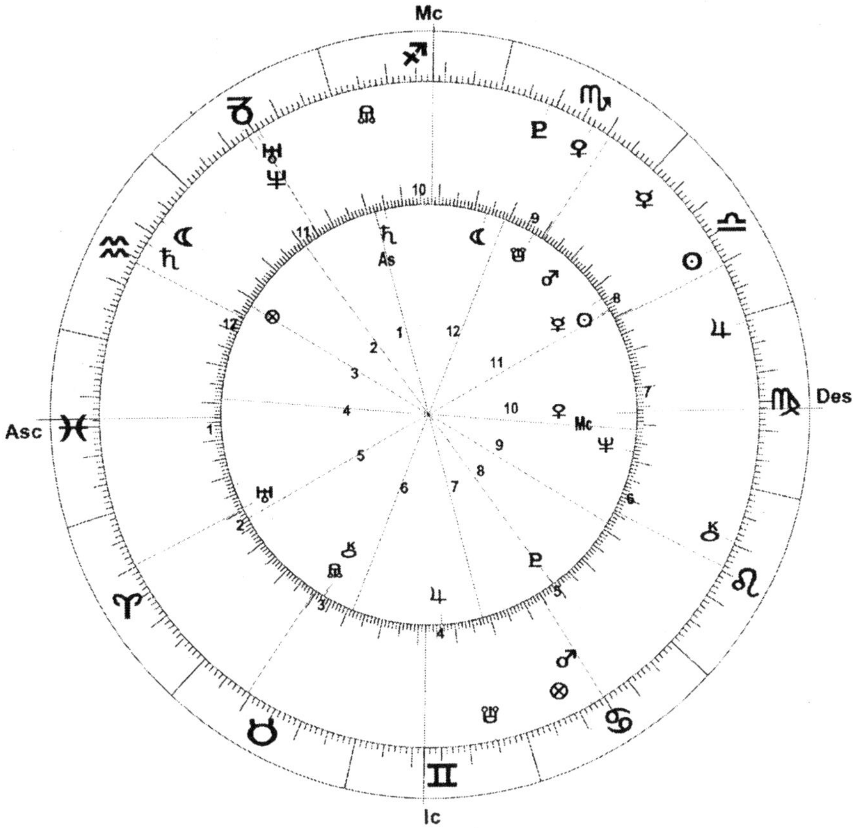

Victoria: Retornos
5 outubro 1992
Tempo: 19:37:10 Zona: 00
Buenos Aires
Lat: 34:36:00 S Long: 058:27:00 O

Victoria: Natal
6 outubro 1929
Tempo: 09:36:00 Zona: 04
Buenos Aires
Lat: 34:36:00 S Long: 058:27:00 O

Topocêntrico

2	9 ♈ 35 22	2	19 ♑ 24 32
3	9 ♉ 30 44	3	11 ♒ 54 12
11	14 ♑ 47 41	11	12 ♎ 24 15
12	15 ♒ 44 18	12	21 ♏ 21 15

Victoria nasceu em 6 de outubro de 1929, na cidade de Buenos Aires, Argentina. Hora: 9h36; GMT = 13h36.

Esta é a Revolução Solar de Victoria que corresponde a seus 64 anos. É o ciclo solar que começou em 5 de outubro de 1992, em Buenos Aires, GMT = 19h37.

O Ascendente do ano está no grau 13 do signo de Peixes. Esse signo corresponde à sua casa 4 radical. Isso indica que Victoria estava no fim de um ciclo de sua vida e no começo de outro, em níveis pessoais. Assinala, também, que sua atenção se voltaria para o mundo interior, a família, para sua base psíquica e que seu desejo pessoal estaria orientado para abrir, clarear e liberar as emoções contidas no seu interior (Ascendente anual na casa 4 do radical). Foi-lhe descrito, na interpretação, o estado pessoal do ano, cuja sensação maior seria como mergulhar no oceano ilimitado e difuso do seu mundo interior (Peixes e sua casa 4). Ela teria a possibilidade de resgatar, de reviver, de recordar velhas memórias ou lembranças, aspirações e ilusões guardadas ou contidas nesse baú que é a casa 4, para trazê-las à superfície de sua consciência. Ano em que Victoria se sentiria com mais sensibilidade, permeabilidade e receptividade. Ela poderia desenvolver, também, uma maior consciência de sua capacidade para percepção e sua intuição. É claro que essas tendências pessoais seriam para Victoria uma forte sacudida na sua estruturada personalidade sagitariana, com Saturno na casa 1 do mapa natal. Ela estaria aprendendo a se conectar, sem medo ou temor, a essa área de sua vida, a netuniana. Esse Ascendente pisciano iria dar-lhe uma forte sensação de falta de limite e de clareza racional, de dissolução. Seria, então, um ano ideal para deixar fluir o seu sentimento e teria a possibilidade de conectar-se com suas possíveis condutas esquivas, difusas ou fugidias, e aceitar sua realidade interior em toda a sua dimensão ou profundidade. Para Victoria, o ano também estava orientado para a espiritualidade, a meditação e a reflexão, com tendências mais contemplativas. Ela poderia sentir que um novo mundo ou uma nova visão de si mesma e de suas idéias, ideais ou concepções, e de sua visão de futuro ou dos amigos estavam sendo abertos. Isso corresponde ao fato de que Netuno (governante do tema anual) estava em conjunção com Urano na casa 11 anual, a dos planos e projetos, dos amigos e dos grupos. Netuno levava a essa casa os temas da casa 9 radical — pela sua presença — e os da casa 4 radical — pela sua regência. E Urano levava (à sua posição na casa 11) os temas da casa 5 radical — pela sua presença — e os da casa 3 radical — por sua regência. Isso lhe permitiria abarcar ou incluir uma consciência mais ampla e global de si com relação à coletividade e ao social (casa 11 radical e Sol na casa 8 do ano). Sua saída pessoal orientada para dar forma e concretizar as necessidades profundas conectadas com o sutil, com o profundo e com um forte desejo pessoal de espaço e tempo para si mesma. A conjunção desses dois planetas ainda estava em orbe de quadratura a seu Sol no signo de Libra. O aspecto que Netuno tem com Urano lhe inspiraria condutas pessoais oscilantes, um movimento com certa descontinuidade ou intermitência na sua manifestação exterior. Seu caráter poderia oscilar entre o forte desejo de liberdade e espaço para pensar, estudar... — momentos de condutas solitárias e de introspecção — que alternaria com outros de maior atividade social. Seu discernimento poderia estar, às vezes, obscurecido pela vida subjetiva ou pelas ondas da vida psíquica. Para esses momentos, a orientação que lhe foi dada foi a de que se soltasse, que aprendesse a deixar fluir e que se conectasse mais com o sentimento e a percepção, que com o pensamento racional e a lógica. Seguindo com a descrição da conjunção Urano-Netuno: essa posição é a que lhe daria os projetos relacionados com a casa e o lar, as mudanças e os planos que envolviam dinheiro para que suas expectativas de um novo lar se realizassem (Urano regente da casa 3, Netuno da casa 4 radical e da casa 2 radical sobreposta à casa 11). Tudo isso, não sem dificuldades devidas à oposição de Marte (regente anual das finanças). Seguindo com esses planetas, também podemos ver como eles são os indicadores — e outras variáveis, que já detalharemos — da decisão pessoal de reiniciar o trabalho terapêutico com seu antigo terapeuta, porque Urano (regente da casa 3 — a mente — que está sobreposta à casa 12 — a psique) estava com Netuno (governante anual, o seu eu, seus desejos e decisões); lhe daria novos projetos, questionamentos e a dissolução de parâmetros mentais e de seu modelo ou forma de comunicação, etc. A casa 11 é a do médico que, neste caso, seria médico da mente ou psique, se bem que Urano na casa 11 poderia nos fazer pensar que se tratava da decisão de procurar um novo terapeuta, sua posição no signo de Capricórnio e Saturno, dispositor do mesmo, está em Aquário conjunto com a Lua. Isso nos levou a deduzir o reencontro com um velho vínculo ou vínculo que vinha do passado. Outras indicações da decisão que ela iria tomar são: a casa 6 (saúde, corpo) radical está sobreposta à casa 3 e 4 do ano, a mente orientada ou pensando em temas de saúde, marca o fim de um ciclo e o início de um novo relacionamento com os temas antes mencionados. Vênus, planeta regente desta casa 6 radical, está em Escorpião na casa 9 do ano (sobre a casa 11 radical e em conjunção com o Nodo Negativo). A casa 9 é uma das indicadoras do processo terapêutico, porque está relacionada com a psicologia profunda e que, pela sobreposição, estava na casa do médico (11). Sobre a casa 6 do ano em Leão está a casa 9 radical, as duas casas regidas pelo Sol em Libra que está presente na casa 8 do ano, com aspecto de quadratura partil com Marte, trígonos com a conjunção Saturno-Lua e quadratura com a conjunção Netuno-Urano. Disto também deduzimos o mesmo, isto é, o propósito do ano estava relacionado com o corpo, com o físico e a saúde ou com o trabalho. Poder-se-ia desenvolver um questionamento ou compreensão profunda espiritual ou de elaboração psicológica; isso ia ser parte das transformações ou mudanças no ano (Sol na casa 8). Nos aspectos do Sol podemos ver: tendência à irritabilidade, à impaciência ou intolerância com certos estados de mau humor, violência ou raiva. Possivelmente os detonadores destas emoções podem ser os filhos (Marte regente da casa 5 radical) e os temas relacionados com eles. Ou a família (Marte no signo de Câncer e na casa 4 entrando na casa 5 anual, família e filhos). Marte também é o regente de sua casa 12 radical e da casa 9 anual, o que indica que Victoria poderia elaborar e compreender espiritualmente no ano suas condutas inconscientes ou emoções mais contidas ou guardadas. Parece-nos interessante mostrar como Plutão em trânsito estava em conjunção partil à cúspide de sua casa 12 radical (Marte e Plutão regentes da casa 12). O certo é que Victoria passou quase todo o seu ano pessoal com alergias (Lua regente da casa 8 radical e da casa 5 anual, conjunta a Saturno) nos olhos (Leão na casa 6 e Sol em aspectos com a conjunção Urano-Netuno) que foram de difícil e lento processo (trabalhadas homeopaticamente), pois as causas eram mais psicossomáticas, de origem difusa, pouco claras (Netuno-Sol), rebeldes ao processo da medicação (Sol, Urano), com fortes conteúdos de raiva (Sol, Marte) e relacionadas com velhos medos, emoções, sensações ou sentimentos guardados no seu interior (Lua, Saturno). A Lua tradicionalmente está vinculada com a alergia, a pele (Saturno), com erupções e manchas vermelhas, com muita coceira, ardor e calor (Marte em quincunce crescente com Saturno, que envolve também a Lua, pela conjunção que a mesma tinha com Saturno).

Para o mês de julho, Victoria volta a encontrar-se com seu terapeuta e inicia sua compreensão espiritual-mental sobre seus problemas físicos.

Tínhamos dito também que isso poderia estar ligado ao trabalho. Victoria iniciou no ano em curso um novo ciclo em seu trabalho, relacionado com a área espiritual e com seus conhecimentos adquiridos no transcurso de muitos anos. Isso foi parte da mudança importante do seu propósito e objetivo, dando um sentido e significado diferente à sua vida individual e afirmando sua identidade (casa 6 em Leão, a casa 9 radical sobreposta a ela e o Sol presente na casa 8 anual).

Vendo globalmente, podemos dizer que os temas que estariam num processo de dissolução, inícios e mudanças, serão os relacionados com os vínculos em geral, dado que, sobre os três setores de água do ano estavam os três setores de ar do radical. Na casa 12 anual estava a casa 3 radical, na casa 4 anual estava a 6 radical e a casa 7 radical e, por último, na casa 8 anual estava a casa 11 radical. Dizemos, então, que as mudanças e as transformações no ano estavam relacionadas com os projetos, os amigos, a visão de futuro, o porvir e os planos de vida.

Esta interpretação ficou claramente confirmada porque quando o Ascendente progredido pelo método de conversas chegou à casa 11 do ano, onde estão Saturno, Lua, Urano e Netuno, Victoria enfrentou a perda de um amigo de muitos anos, do qual cuidou, dedicando-se a ele até à morte, precisamente durante esse tempo. Analogia que também encontramos em Saturno anual regente da casa 11 (amigos) em quadratura com Vênus anual regente da casa 11 radical (amigos) e da casa 8 anual (mudanças, transformações). A casa 3 sobre a casa 12 marcava um ano de dissolução de sua estrutura mental, de seu modelo de pensamento, de comunicação. Seu destino individual pedia que trabalhasse com suas idéias, dissolvesse idéias fixas (Aquário), revisasse a possível resistência ou dificuldade para a expressão concreta de seu conhecimento, visse condutas pessoais muito exigentes com relação ao tema (Saturno regente da casa 3 radical presente na casa 1 em Sagitário). A casa 7 sobre a 4 marcava o início de novo ciclo relacionado com seu eu social e com seu modelo de ligação com o mundo, também o início de um novo ciclo relacionado com o marido ou o segundo filho, além do reconhecimento de condutas inconscientes pessoais depositadas na casa 7. Isso também é dito porque, no momento do aniversário, Marte estava em trânsito pela casa 7 radical, sendo regente da casa 12 radical. Isto significava que algumas das provas do ano (entendidas como parte do aprendizado que Victoria teria) estavam relacionadas com os vínculos em geral, ou especificamente com o marido ou o segundo filho. Tema que, efetivamente, aconteceu devido ao segundo filho ter voltado a viver em sua casa por problemas de trabalho e financeiros.

Se fizermos a derivada para o segundo filho, veremos que (deriva-se a partir da casa 7 que passa a ser a casa 1) teria problemas financeiros porque Mercúrio, como regente da casa 1, estava presente na casa 2 (dinheiro) junto com o Sol e Vênus. Vênus, regente da casa 2, estava em quadratura com a conjunção de Saturno (regente do trabalho), e a Lua (regente dos planos e projetos) que iriam ocorrendo de forma lenta. Embora Vênus tenha dois bons trígonos com Marte e com o que seria o Descendente para ele, isso não o ajudou a resolver a situação; foram as ajudas externas que recebeu que lhe permitiram saldar suas dívidas. Saturno estava para ingressar na casa 6, indicando as demoras ou as dificuldades com o trabalho, devido principalmente à incerteza e à confusão ou intermitência gerada pelos dispositores de Saturno, que eram Urano e Netuno. Achamos que o principal aprendizado para ele estava relacionado com o orgulho, a soberba e a dificuldade para "cair do cavalo" e aprender com humildade (Leão na sua casa 12, com o Sol, seu regente, na casa 2).

Retomando o tema de Victoria, vemos que esse aspecto de trígono entre Vênus, Marte e o Ascendente anual, que interpretamos para o segundo filho, assim como as ajudas que ele recebeu, representavam para ela uma qualidade pessoal distinta. Como dizíamos, esse trígono de água afirmaria a sensibilidade nos contatos com o mundo exterior. A receptividade lhe permitiria uma fluência mais amorosa, uma aproximação à sua pessoa, a possibilidade de maior harmonia nas resoluções, decisões ou determinações e o estar mais aberta para receber os outros, mais distendida nos vínculos, sem resistência.

Não podemos nos esquecer de seu Saturno radical na casa 1, que lhe dá uma personalidade estruturada, pouco flexível, com condutas defensivas, autosuficientes e de muita exigência, que a levam a manter uma modalidade formal na interação. Esse mesmo Saturno é o que está presente na casa 10 do ano e em conjunção com o Nodo Positivo em trânsito. Isso também indica que essa posição radical é aquela que Victoria ia trabalhar como meta no seu ano pessoal, e que isso era parte de sua busca consciente: assumir essa responsabilidade pelos seus atos e sua evolução e ver quais eram os mecanismos que sua personalidade mantinha firmemente, mas que já não serviam mais. Achamos que um deles era mostrar a vulnerabilidade e que ela se expressasse claramente: "Não posso mais sustentar isso sozinha", "Não quero mais essa solidão interior". Resolver ser mais livre na manifestação de si mesma. A tendência para permitir a entrada de coisas e afetos do mundo exterior e a possibilidade de incluir com mais consciência os mecanismos ou tendências ainda inconscientes de si mesma, eram devidas ao planeta Netuno anual, que tinha um bom sextil minguante com o planeta Vênus (entre outros), e a que os traços representados por Saturno — que tende à exclusão — iam estar num período de dissolução. Este planeta, no seu trânsito anual, ingressaria na casa 12 anual e permaneceria ali.

Em vários lugares do mapa anual, vemos a afirmação da personalidade e a transformação da confiança em si mesma: o Sol, seu sentimento de identidade individual no sociável e formal signo de Libra, está na casa 8, dando a transformação do seu sentido de vida e de sua confiança (regente da casa 9). Pela visão global, vemos que as três casas de fogo do mapa radical estavam nas três casas de terra do ano. Isto lhe dava a possibilidade de materializar, de dar forma e concretizar seu sentimento de identidade individual e seus ideais ou expectativas de vida, podendo inclusive pôr seu entusiasmo, energia e vitalidade nas metas e realizações concretas em qualquer área. As necessidades (casa 2) relacionadas, entre outras coisas, com sua identidade (casa 5), o trabalho (casa 6), que tendia a afirmar seu propósito (Leão) relacionado com seus ideais, com sua formação ideológica, conceitual e a confiança, podendo dar forma e concretizá-las, e que as metas e projetos do ano (casa 10) estavam relacionados consigo mesma, com suas decisões para as conquistas pessoais. Júpiter era co-governante do tema anual pelo Ascendente em Peixes e o regente do tema radical e regente da casa 10 anual, estava em grau de perda a 29° de Virgem na casa 7 anual, mas na casa 10 radical, em sesquiquadratura minguante com a conjunção Urano-Netuno. Isso também era sinal de que a meta e acontecimento concreto seria uma forte sacudida e ruptura da modalidade pessoal, tendendo a transformar sua relação ou interação com os vínculos em geral e em especial com o segundo filho ou com o marido.

Havia um aspecto de quadratura T entre: a conjunção de Urano-Netuno em oposição a Marte e estes planetas em dupla quadratura com o Sol e com Mercúrio radical, que, sim, eram fortes devido ao aspecto partil e pela convergência, pois Marte — o grande dinamizador pessoal — estava em quadratura partil com o Sol, em oposição convergente a Urano-Netuno e em quadratura convergente com Mercúrio radical e em sesquiquadratura quase partil com a Lua radical (em Escorpião), planeta que já começava a sentir os efeitos do trânsito de Plutão sobre si. Deduzimos daí que, devido à convergência de Marte, sabíamos que o aspecto traria algo novo, distinto ou diferente, ou seja, que era algo novo no ano, não algo que já vinha vivendo do ano anterior. Que a tendência era tensa, irritadiça ou incômoda por causa da integração de novos fatores ou pela desintegração dos velhos, que seria a causa do mau humor, impaciência ou irritabilidade de Victoria. Sua sensação seria a de que as circunstâncias que vinham de fora a levariam a trabalhar sobre si e a revisar suas condutas ou questionar sua pessoa. Isto era pela oposição de Marte com Urano-Netuno e, no ano, esteve concretamente relacionado com a filha mais velha, com suas respostas desconcertantes. Igualmente houve tendência para transformar positivamente a relação com ela. Com o segundo filho, representado nos dois mapas pelo planeta Mercúrio (envolvido no aspecto), este planeta era o regente anual da casa 4 e da casa 4 radical — o lar, a crise pessoal e financeira do filho e sua posterior mudança para o lar paterno — Victoria sentiu isso como uma mistura de sentimentos, entre a culpa e a necessidade de livrar-se dessas emoções, a invasão do espaço e o desejo de ajudar a seu filho, a ambivalência, a indecisão e a tensão entre suas duas partes opostas que estavam em jogo no ano, representada pela oposição. Tudo isso levou Victoria a transformar sua forma de agir ou de resolver e integrar uma nova modalidade, livrando-se de velhas culpas, mudança na forma de expressão ou verbalização (Mercúrio na casa 8) e sua ação e seus desejos pessoais (Marte na casa 8 do ano).

Como Mercúrio é também o regente da casa 10 ou Meio do Céu radical, ou seja, representa a mãe de Victoria, foi dada a orientação de que parte desses acontecimentos que viriam de fora poderiam estar relacionados com a mãe e sua saúde. E, efetivamente, assim aconteceu, pois a mãe de Victoria teve de ser operada com urgência e porque o ano todo esteve com muitíssima instabilidade física e com excessivas reclamações e exigências. Visto astrologicamente, Saturno em trânsito fazia seu ingresso na casa 3 radical de Victoria no signo de Aquário que, por derivadas para a mãe, correspondia a seu ingresso na casa 6 dela; isso poderia criar um período de sua vida em que, possivelmente, as provas e as dificuldades (Saturno) teriam relação com a saúde. O planeta Urano como o regente, por derivada, de sua casa da saúde e um dos envolvidos na quadratura T; Mercúrio, seu regente na radical (a casa 10, a mãe, em Virgem), ou seja, o seu corpo, em quadratura com Marte (as cirurgias) em quadratura com Netuno (anestesias, infecções) e com Urano — representante de sua saúde — casa 6, tínhamos o acontecimento repentino ou inesperado, afinal, estamos falando de uma pessoa de 90 anos. No mapa do ano, isso também estava indicado na derivada da casa 10. Se contarmos a partir do Meio do Céu anual, o que seria a casa 3 de Victoria é para a mãe, a casa 6 — a saúde durante o ano —, que estava no signo de Touro, Vênus seu regente estava presente na casa 9, que para a mãe de Victoria é a casa 12, relativa a provações ou dificuldades. Deduzimos disso tudo que as provas para a mãe estavam relacionadas com a saúde, pois Vênus levava a essa zona de dificuldade, que é a casa 12, os temas da saúde; inclusive, Vênus fazia quadratura com o planeta Saturno (cálculos na vesícula), Marte-Netuno (dificuldade no primeiro diagnóstico, febres, infecções, a cirurgia e a anestesia). Se contarmos a distância angular entre o planeta Vênus, que está a 13° 2' de Escorpião, e Plutão a 21° 20', também de Escorpião, a diferença entre ambos é de 8° 18' de arco. Se transformarmos este arco em tempo veremos que, em oito meses e dias depois do aniversário, este aspecto se ativava. Neste exato momento ocorreu a indisposição e posterior internação e cirurgia da mãe de Victoria. Para Victoria, também era um momento de muita tensão mental, pensamentos convulsionados ou intranqüilos pela sua saúde. Esta situação interna marcou o que foi sua decisão posterior de reiniciar seu processo terapêutico, no nono mês — contado a partir de seu aniversário, ou seja, no mês de julho. Nesse momento, Victoria teve sua primeira entrevista terapêutica, quando, pelo método de progressão do Ascendente por diretas, chegava a seu Ascendente radical que estava sobreposto à casa 10 do ano. No dia 19 de julho, o Ascendente progredido anual chegava ao Ascendente radical na casa 10, e no dia 25 de julho ela iniciou sua terapia.

RADICAL DE VIOLETA

Natal para Violeta
29 abril 1950 Tempo: 01:20:00 Zona: 03
Buenos Aires Lat: 34:36:00 S Long: 058:27:00 O

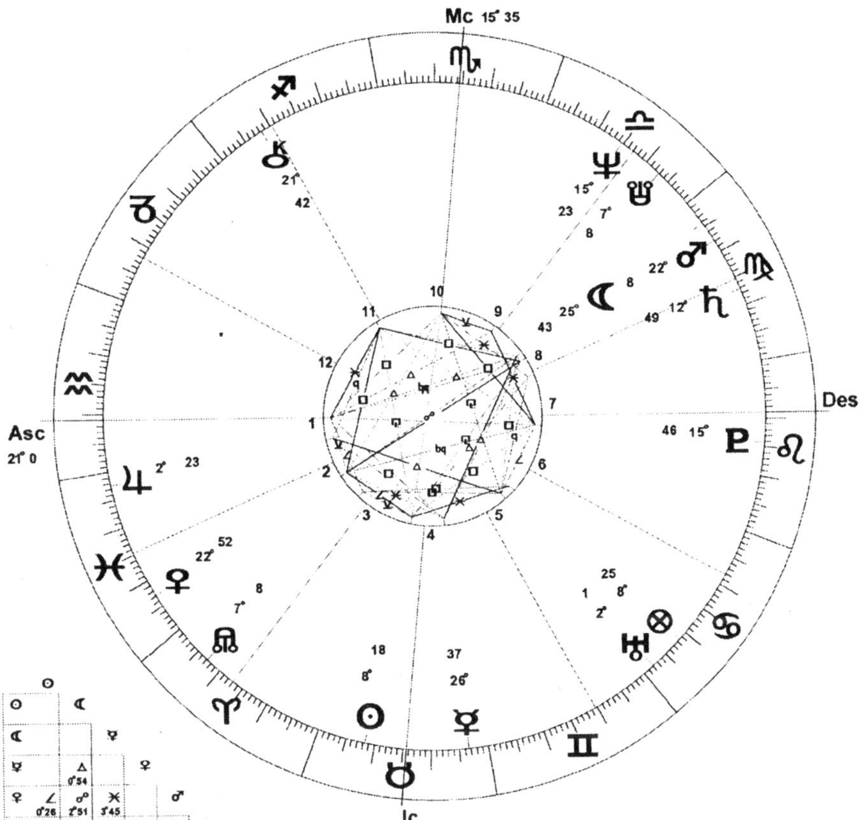

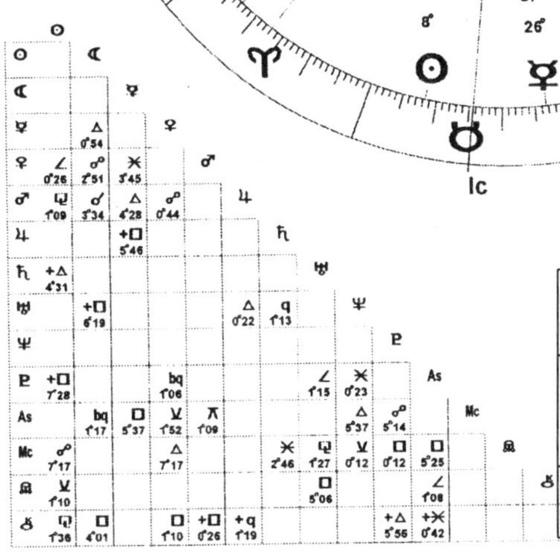

		Tropical	
		Real	Topocêntrico
Cardeal	2	☉ 8 ♉ 17 48 (3)	As 20 ♒ 59 49
Fixo	3	☽ 25 ♍ 42 36 (8)	2 14 ♓ 41 0
Mutável	5	☿ 26 ♉ 36 41 (4)	3 12 ♈ 58 1
		♀ 22 ♓ 51 54 (2)	4 15 ♉ 34 34
Fogo	1	♂ 22 ♍ 8 19r (8)	5 19 ♊ 37 52
Terra	5	♃ 2 ♓ 23 1 (1)	6 21 ♋ 52 35
Ar	1	♄ 12 ♍ 48 41r (7)	7 20 ♌ 59 49
Água	3	♅ 2 ♋ 1 26 (5)	8 14 ♍ 41 0
		♆ 15 ♎ 22 57r (9)	9 12 ♎ 58 1
Tempo Sid		♇ 15 ♌ 46 5 (6)	Mc 15 ♏ 34 34
14 52 26		☊ 5 ♈ 51 14r (2)	11 19 ♐ 37 52
		⚸ 7 ♈ 7 49 (2)	12 21 ♉ 52 35

REVOLUÇÃO SOLAR DE VIOLETA

Círculo externo, Revolução Solar; círculo interno, Mapa Natal

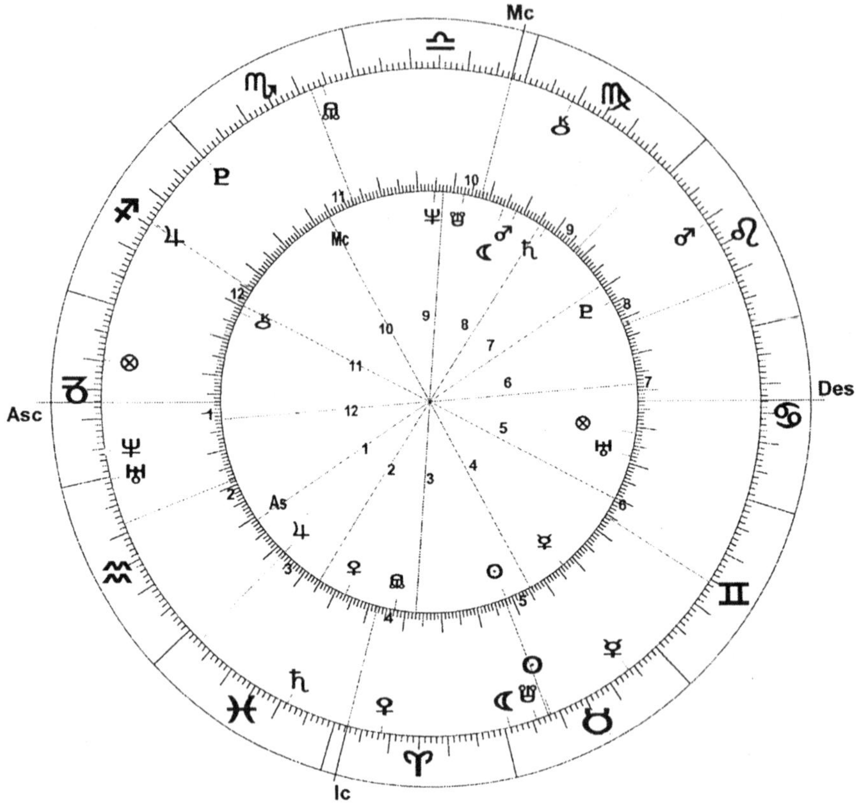

Violeta: Retornos
29 abril 1995
Tempo: 01:36:15   Zona: 00
Buenos Aires
Lat: 34:36:00 S   Long: 058:27:00 O

Violeta: Natal
29 abril 1950
Tempo: 01:20:00   Zona: 03
Buenos Aires
Lat: 34:36:00 S   Long: 058:27:00 O

Topocêntrico

2	8 ♒	24	50		2	14 ♓	41	0
3	2 ♓	38	49		3	12 ♈	58	1
11	7 ♏	50	27		11	19 ♐	37	52
12	14 ♐	29	1		12	21 ♑	52	35

A interpretação transcrita a seguir é apenas uma síntese da consulta feita por Violeta. Os períodos foram dados na sua totalidade, mas aqui só analisaremos uns poucos, para mostrar o modo de interpretá-los.

O presente tema corresponde aos 45 anos de Violeta. Começou em 29 de abril de 1995 e chegou até 29 de abril de 1996.

O Ascendente anual está a 16° 52' de Capricórnio, que lhe dará a orientação pessoal para as metas, as realizações. Ele reativará a ambição voltada para os projetos pessoais, as conquistas e concretização dos desejos. As características que tomará a personalidade serão: perseverança, força, laboriosidade, responsabilidade, podendo assumir novos compromissos.

Como o Ascendente está em Capricórnio (casa 10 no zodíaco fixo), vemos o que acontece na casa 10 anual e nela encontramos o Nodo Positivo (sua busca consciente, orientada para a profissão ou a realização de alguma empresa individual, a auto-imagem, etc.) e por outro lado, vemos que a série de eclipses vai ocorrer durante esse ciclo no eixo das casas 4 e 10. Com tudo isto confirmamos a importância que tem este Ascendente para Violeta, no sentido de amadurecimento, crescimento e evolução. Capricórnio é, esotericamente, o signo onde se realiza a Iniciação, um novo despertar. Psicologicamente, é onde acontece o processo de Individuação.

Este será um ano para fazer uma revisão dos resultados de vida obtidos até o presente, graças aos esforços anteriores. Capricórnio no Ascendente junto com Saturno, governante do tema, em Peixes, a levará a momentos de introspecção, reflexão, a precisar de tempo para elaborar, pensar, estudar. Tempos de solidão para processar e assimilar o interno, talvez mais lentos devido às características do Ascendente em Capricórnio no decanato de Touro, a Saturno e à Lua anual no signo de Touro.

A saída pessoal (Saturno na casa 3 anual sobreposto à casa 2 radical e em Peixes) estará nos estudos, no ensino, nos escritos, na elaboração intelectual. A estruturação e o aprendizado do ano vêm através destes temas (pelo menos até abril de 1996, quando Saturno em trânsito ingressa na casa 4 anual). Com esta posição (Saturno na casa 3) passará por momentos de mais objetividade, será mais racional, aprenderá a colocar limites ou distância na comunicação e, paradoxalmente, pode sentir que estão se afrouxando ou dissolvendo determinados parâmetros mentais. O foco mental pode passar de difuso ou diluído a concentrado. Tenderá a fluir, a falar do sentido, do vivenciado, do sutil, e também do percebido ou intuído. Este é um ano para comunicar-se, não apenas a partir do racional, mas também para ser um canal que expresse ou comunique o percebido; para aprender como dar forma e concretizar o sentido, o percebido. Saturno tem dois sextis: com Mercúrio e Netuno, e ambos em trígono. Violeta poderá expressar de maneira bastante precisa aquilo que vem do mundo das imagens, dos sonhos, do inconsciente, as percepções. Saturno será o canal ou o meio para materializar o pensamento poético, lírico ou as idéias criativas. É um justo equilíbrio entre a terra e a água, entre o racional e o psíquico emocional. Estes aspectos são os recursos que Violeta tem à disposição para utilizar com fluidez, pois indicam tendências mentais (ensinar, escrever, publicar, dissertar, ou contatos com meios de comunicação) e tendências criativas, de auto-afirmação do pessoal, do individual (trígono crescente entre as casas 1 e 5). Elaboração de sonhos e do inconsciente que se expressa através deles, a fim de encontrar o sentido e as mensagens que trazem para ela. Outra tendência que gera a posição de Saturno na casa 3 é aprender a baixar o nível de auto-exigência — porque pode causar ansiedade — ou colocar limites às exigências e demandas que venham do meio ambiente imediato.

Pela sobreposição da casa 3 sobre a casa 2 radical (onde está Saturno), poderíamos dizer que estará pensando no uso e valorização dos recursos internos e nos pertences; pensamento e aprendizagem relacionados com o princípio da economia, tanto do dinheiro como dos recursos (eu diria que é uma boa posição para aprender aquilo de "não jogar pérolas aos porcos", como diria o Kybalion). Indica que estará atenta e pensará na economia, nos temas ligados à assinatura de papéis e à entrada de dinheiro pela venda de bens imóveis. Porque Saturno está na casa 3 (escritos, papéis, firmas, vendas ou compras) e na casa 2 radical (dinheiro), em conjunção a Vênus radical, que é regente da casa 4 (bens imóveis). Saturno é também o regente da casa 2 anual (dinheiro). Este acontecimento está expresso no planeta Vênus regente da casa 10 anual e presente na casa 4 anual, em trígono convergente com Júpiter. Isso indica que um dos acontecimentos do ano será a família ou a venda de bens imóveis, em forma satisfatória (trígono convergente entre dois planetas harmônicos que têm relação com os planos e projetos, o dinheiro e as metas).

Diante dessa interpretação, Violeta expressou o desejo de publicar seu livro de poemas, tema que a leva a investir dinheiro para editá-lo. Violeta narra um sonho que teve quando era menina e do qual se lembrou recentemente: ela passeava com um carrinho de bebê e dentro dele levava um livro. No seu radical, a casa 5 (arte) está em Gêmeos (arte conectada com o literário), Mercúrio, o regente, em trígono com a conjunção Marte (ação, desejos) Lua (imaginação, poesia) em Virgem (capacidade literária) que são os regentes das casas 3 (mente), 10 (metas) e 6 (trabalho), respectivamente. Neste ano, vemos que o Sol (propósito) é o regente da casa 8 (mudanças), presente na casa 5 (arte) sobreposta às casas 3 e 4 radicais. Também que Mercúrio (escritos, publicações), regente da casa 6 (trabalho), está na casa 5, e sobre a casa 6 está a casa 5 radical (o trabalho relacionado com aspectos mentais criativos, prazerosos, gratificantes). Disto deduzimos que Violeta afirmará seu propósito e encontrará sentido no que está relacionado com o desenrolar e desenvolvimento de sua capacidade criativa. É aqui que se produzirão as transformações de sua consciência individual. Ela dará início a um ciclo novo quanto à sua confiança, auto-estima, mudanças de consciência com relação à sua autoridade e fixação de seu eixo interior (Touro). Pela sobreposição, diríamos que a arte (casa 5) está conectada com o mental, a comunicação e o ensino (casa 3) e iniciará um novo ciclo (casa 4) na sua criatividade (casa 5).

Voltando ao Ascendente, os desejos pessoais estarão centrados nos amigos, nos planos, projetos, visão de futuro e grupos (casa 11 sobre 1). Estes temas centralizarão sua atenção pelo fato de eles também serem parte das mudanças e transformações do ano. Encontramos em vários lugares a analogia de mudança para a casa 11 anual, como: 1) o signo de Escorpião (transformação) está na cúspide da casa 11 anual, com Plutão (morte e renascimento) seu regente presente na mesma; 2) Marte — o outro regente da casa 11 — encontra-se na casa 8 anual e indicará as mudanças de amigos ou grupos, assim como dos desejos pessoais, das decisões ou do modo de agir ou interagir com outros (Marte a 2° da cúspide da casa 7 radical e na casa 8); 3) porque sobre a casa 12 do ano encontram-se o final da casa 10 radical e quase toda a casa 11 radical, a dissolução e revisão dos temas representados por elas; 4) Júpiter — regente da casa 11 — ingressa nela a partir do mês de novembro de 1995, e este trânsito se produz sobre a casa 12 do ano. A partir do mês de janeiro de 1996, Júpiter faz um sextil minguante à sua posição. Dará como orientação que se elaborem projetos relacionados com a formação de grupos, reordenamento e reorganização do seu porvir; 5) vemos também que para o final do ano de 1995 e o começo de 1996, Plutão em trânsito faz seu ingresso em Sagitário. Ele ativará seu Júpiter natal em quadratura (regente da casa 11) que está a 2° de Peixes. Aqui confirmamos novamente a orientação de mudanças, relacionadas com o significado da casa 11 para a sua vida. Violeta confirma o tema dizendo que, para o final do ano de 1995, termina um grupo de aprendizagem relacionado com a coordenação de grupos.

Voltamos ao Ascendente anual e vemos que a casa 12 radical está sobre ele. Violeta continua trabalhando sobre o interior e o inconsciente, repensa metas e revisa os resultados das ações realizadas; segue seu processo de individuação e de realização do Ser (quarto quadrante). Continuará conectando-se com as memórias da casa 12. Desta forma, podem voltar questões do passado para que as trabalhe novamente.

Sobre a casa 1 estão Urano e Netuno: sensibilidade, intuição, inspiração e conexão sutil e transcendente. Netuno em quintil com Vênus: inspiração criativa, imaginação, ser um canal das mensagens do superior nela. O aspecto de quadratura partil que Urano (a partir da casa 1) tem com a Lua (na casa 4), pode trazer-lhe alguma situação que apareça de forma repentina, mobilizando-a. Essa situação poderá relacionar-se com os vínculos ou com o parceiro. Urano (governante radical, regente da casa 2 anual na casa 1), Lua (regente da casa 7 anual, presente na casa 4). O conflito que Violeta tem que resolver com a quadratura entre Urano-Lua, de Aquário a Touro e casa 1 a 4 está entre o novo, o repentino e inesperado — que produz mudanças — e seu desejo emocional orientado para a conservação dos estados adquiridos, a segurança emocional. A

Lua tem também um quincunce crescente com Plutão, que nos fala de estados de insatisfação. É preciso livrar-se de hábitos estabelecidos, fixos e limpar tendências emocionais resistentes à mudança, pois poderiam causar mal-estar físico (alergias, irregularidade menstrual) por problemas emocionais, porque a Lua é regente da casa 6 radical. Outra analogia está relacionada com a área do trabalho, a área profissional; falaria da depuração do modo de encarar sua tarefa e da consciência do serviço que presta.

Integrar o novo e as possibilidades que trazem mudanças para ela, sem senti-los como uma ameaça para sua continuidade familiar e emocional. Adaptação consciente e assimilação lenta das transformações.

Não podemos deixar de ver, neste momento, que o aspecto Urano-Lua está relacionado com o marido de Violeta e as mudanças que repentinamente venham para ele. Se fizermos as derivadas para a casa 7, veremos que a Lua, que é seu regente, está em quadratura com Urano, o regente da casa 8 a partir da 7. Por estar presente na casa 1 do ano, Urano leva as mudanças à casa 7 (porque a casa 1 é a casa 7 a partir da casa 7) que repercutem em seu parceiro e nos vínculos. Saturno, o outro regente da casa 8 (por derivadas) está na casa 9 do ano (porque a casa 3 anual é a casa 9 desde a casa 7), mudanças relacionadas com viagens ou com o estrangeiro. Jupiter — regente da casa 9 e 6 — está na casa 6 (trabalho relacionado com o estrangeiro) e é dispositor de Saturno que, na casa 9, tem a conotação de mudanças. Júpiter na casa 6 está em trígono com Vênus na casa 10: concretização favorável e expansiva de sua profissão e do seu trabalho. Trabalho no estrangeiro ou viagens motivadas por situações de trabalho. O trabalho relacionado com a organização, o planejamento, a administração e a assessoria no estrangeiro. O aspecto Lua-Plutão simboliza para ele a insatisfação que lhe causarão, a partir de algum lugar, as mudanças pessoais e profissionais em relação a seus afetos e a seus filhos (Plutão é o regente da sua casa 5).

Voltamos a Violeta e vemos que ela faz aniversário com uma conjunção minguante Sol-Lua, a poucas horas de um eclipse de Sol de Nodo Negativo. Isso mostra que estará num processo de dissolução e reorientação de um ciclo de vida, certamente relacionado com o parceiro e com os vínculos (os dois planetas são os regentes das casas 7 radical e anual). Essa dissolução se refere a esquemas vinculares, mas não tem relação com um divórcio — por mais que Urano seja o envolvido no aspecto com eles — devido à presença deles no signo de Touro conservador e fixo. Isso com certeza não invalida os temores e a insegurança que as mudanças que vêm através do marido produzem em Violeta, pois põem em movimento uma antiga sensação de medo da perda ou de dissolução do lar e da família formada, velha sensação de solidão. Ver mapa radical: Mercúrio em Touro é regente da casa 8, que está na casa 4; Vênus, regente da casa 4, está no signo de Peixes e recebe (no ano) o trânsito por conjunção de Saturno, regente da casa 12 radical e governante anual. São os antigos medos ou a volta de elementos do passado que ressurgem para serem novamente elaborados, aprofundando sua significação e sentido. Medos associados a perdas ou à insegurança que pode produzir o vazio afetivo. As situações externas movimentam essas vivências para serem retrabalhadas, mas não indicam que esses medos ou situações temidas vão se repetir.

A conjunção que Saturno em trânsito anual faz com Vênus radical está no aspecto de sesquiquadratura com o Nodo Positivo. Indicaria também uma ruptura com essas velhas situações que trazem uma memória de dor ou sofrimento, o feminino e a solidão. A insegurança com o feminino produzirá um amadurecimento e crescimento afetivo no ano. O planeta Saturno, que está em conjunção com Vênus, também faz oposição à conjunção radical Lua-Marte, aspecto que nos parece muito importante no ano, pois a enfrentará com a realidade de integrar mais conscientemente esse modelo ou matriz de comportamento emotivo, afetivo: os ciúmes, a competição, a impaciência, conseguindo maior equilíbrio entre as qualidades masculinas e femininas de sua psique.

O acontecimento concreto no ano (casa 10) tem a ver com as mudanças da atividade ou profissão (casa 8 radical na casa 10 anual). Dessa sobreposição pode-se também deduzir a cobrança de dinheiro ou o pagamento de dívidas, este último possivelmente relacionado com bens imóveis; Vênus regente da casa 10 anual na casa 4 anual (lar, bens imóveis) e vem da casa 2 radical (dinheiro). Outro dos temas que pode ser o acontecimento concreto do ano é a possibilidade de viagens e a profissão que se projeta e realiza no estrangeiro (9 radical na casa 10 anual); Vênus, regente da casa 10 anual e da casa 9 radical na casa 4 do ano, iniciando um novo ciclo de abertura e expansão profissional e econômica por viagens (Vênus trígono com Júpiter). As viagens se realizam com o marido ou vêm por seu intermédio, porque sobre a casa 9 anual (viagens) está a casa 7 radical (o marido) e se concretizam favoravelmente para ela, porque Mercúrio, o regente da casa 9 anual, está presente na casa 5 (algo que se recebe, que produz alegria) e em sextil com Saturno.

Depois desta breve descrição do que consideramos ser o nuclear no ano, passaremos a descrever alguns períodos.

De 29 de abril até 21 de maio (cúspide da casa 2 anual), a atenção se centrará nos planos e projetos, nas compras, nas vendas, nos papéis e no dinheiro, principalmente entre o dia do aniversário e os primeiros dias do mês de maio (Ascendente em trígono com Mercúrio, sextil com Saturno, conjunção com Urano e Netuno), alívio, distensão. A partir de 4 de maio até 3 de junho, o Ascendente faz seu ingresso na casa 12 radical, que está sobre a casa 1 do ano. Isto lhe gera uma sensação de incerteza relacionada com as mudanças e situações que aparecem de modo repentino e inesperado e que produzem certa comoção emocional. Temas que virão através do marido, porque de 4 até 14 de maio o Ascendente passará por Netuno, por Urano, em quadratura com a Lua, em semiquadratura com Júpiter. Este será o momento para se perceber algo, isso se daria possivelmente como um estalo na consciência e provocaria um: "Ah, era isso!", uma compreensão espiritual que liberava de algum entrave e movia a energia estagnada ou freada (Urano e Netuno estão sobre a casa 12 radical e na casa 1 do ano: provas pessoais ou relacionadas com freios na realização de algum projeto econômico, Netuno regente da casa 2 radical, Urano regente da casa 2 anual).

A partir de 3 de junho, Violeta se sentiria muito melhor, mais conectada consigo mesma, e também começaria a tomar decisões e iniciativas pessoais que, até 14 de junho, estão relacionadas com seus desejos, necessidades e economia (Ascendente radical sobre a casa 2).

A partir de 14 de junho e até 14 de julho, sua atenção se volta para os estudos, a comunicação, o ensino, as idéias, na concretização de projetos pessoais, preocupada com as finanças ou a economia. Entre finais do mês de junho e os primeiros dias de julho, o Ascendente toca o ponto crítico do ano que está em quadratura com Júpiter e semiquadratura com a Lua, e logo chega ao Saturno anual, que mobiliza a oposição radical de Vênus com Lua-Marte. Mudam os sextis, também, para Mercúrio e Netuno. Momento de introspecção, de reflexão, de ensimesmamento ou de estranheza. Afloram velhas emoções; temas econômicos que perturbam ou inquietam podem ser resolvidos; projetam-se viagens e algo vem como presente ou traz alegria. Possível atraso nas viagens do marido por temas de seu trabalho no estrangeiro. Se ele estiver fora neste momento e esta é a data de retorno, possivelmente seu regresso deverá demorar. O importante para Violeta neste período é registrar o que lhe toca em relação a velhas sensações ou sentimentos do passado, da família, da carência afetiva, etc. É um bom momento para estabelecer conexões de trabalho no estrangeiro, concretizar necessidades econômicas, colocar limites a situações de exigência provenientes do meio ambiente imediato, lidar com a própria ansiedade ou exigência, estabelecer limites para as velhas condutas que a levaram a tomar conta de tudo, trabalhar o sentimento de culpa (Vênus em Peixes, Saturno anual em conjunção), romper modelos de comportamentos afetivos e mentais por insatisfação com eles (quincunce com Marte anual e oposição a Marte radical, regente da casa 3 radical).

De 14 de julho até 19 de agosto: fins e começos relacionados com as necessidades, valores, recursos e a economia; momento de alegria dentro do lar, com os afetos e a criatividade. Durante a segunda quinzena de julho se produzem aspectos harmônicos com a família, os afetos, os grupos, as iniciativas e projetos profissionais. Em 12 de agosto e dias próximos há certa tensão, descontinuidade em nível pessoal, profissional e emocional, porque o Ascendente progredido estará em conjunção com a Lua, em quadratura com Urano, em sesquiquadratura com Júpiter. Podemos deduzir daí dias carregados de tensão com o marido, mal-estar dentro da casa ou por temas que tenham a ver com a família, o marido e seus filhos, pois a Lua (regente da casa 7) em quincunce com Plutão (para o marido, é o regente da casa 5, que está presente da casa 5 por derivadas).

REVOLUÇÃO LUNAR DO MAPA ANUAL

Este capítulo é dedicado à Lua da Revolução Solar. Consideramos a Lua um planeta importante porque, pela sua rápida velocidade orbital, é a geradora dos acontecimentos relacionados com o cotidiano. A Lua expressa, arquetipicamente, o mundo dos desejos, as emoções e a psique. As tendências inconscientes, aquilo que podemos chamar de "agir com o piloto automático". Sabemos que a Lua tem uma relação direta com a Terra e com toda a vida que nela se desenrola, em especial com a vida humana, que é o tema do nosso estudo. Nós, seres humanos, vivemos num mundo sublunar; estamos rodeados, contidos e regulados pela Lua muito mais do que podemos perceber.

A Lua do Mapa Natal realiza, no transcurso de um ano, treze sucessivas voltas ou retornos à sua posição original. Isso é bem conhecido dentro da Astrologia, porque as Revoluções Lunares e as Solares são as mais utilizadas.

Temos investigado a Lua da Revolução Solar e comprovado sua eficácia com excelentes resultados. Essa investigação foi a seguinte: aplicar a técnica da Revolução Lunar (que se usa com a Lua radical) à Lua do momento do aniversário.

O Mapa Natal é o mapa do nascimento de um ser que toma corpo e vida no plano terrestre. Esse mapa representa simbolicamente a "seu Ser total" ou o "seu Ser em completude". No mapa radical, vemos a importância que o Sol e a Lua têm, assim como a interação entre o consciente e o inconsciente, entre o racional e o irracional, entre o presente e o passado, entre o pai e a mãe, etc. Nossa idéia é que a Lua e o Sol têm relação e interação específica e que realizam esse jogo dos opostos em movimento contínuo, de luzes e sombras. Então, se bem que a Lua radical seja a relação específica e individual com o Sol radical, a Lua do ano será a que estará jogando essa rítmica função com o Sol, dentro do ciclo solar.

Assim como a Revolução Solar é interpretada sobreposta ao Mapa Natal, os retornos da Lua do ano à sua própria posição dão origem a um novo mapa mensal, que se sobrepõe à Revolução Solar e ao Mapa Natal.

A Revolução do Sol em cada ano é um renascimento, um renascer da consciência. Cada uma das Revoluções Solares são sucessivos nascimentos dentro do período da vida humana. Para esses sucessivos nascimentos, ano após ano, o Sol tem diferentes Luas; daí deduzimos que a consciência (o Sol) se relaciona com diferentes estados emocionais ou psíquicos ou padrões de condutas inconscientes (a Lua). A consciência (o Sol) necessita, para seu amadurecimento e crescimento, experimentar diferentes vivências emocionais (a Lua) para assim desenvolver a consciência de se saber e de se sentir completo pela incorporação anual de novos registros emocionais.

A Lua leva 27 dias, 7 horas e 43 minutos para dar a volta ao zodíaco. Esse ciclo chama-se Revolução Sideral da Lua ou Revolução Lunar. Se usarmos as revoluções da Lua do ano, comprovaremos que nesse período se produzem 13 ciclos lunares completos de 27 dias, e um décimo quarto de apenas 9 dias de duração, isto é, um terço do ciclo completo que é imediatamente anterior ao novo aniversário. Verificamos com isso que a Revolução Solar é também a primeira Revolução Lunar do ano. Como mapa solar, será dividido em períodos de acordo com a técnica solar; mas, como mapa lunar, deve-se dividi-lo de acordo com a técnica da Revolução Lunar. O processo matemático que se desenvolve é uma regra de três simples: se a Lua leva 27 dias e 7 horas para percorrer os 360°, quanto percorrerá num dia? A conta nos dá que o Ascendente lunar move-se 13° 10' em 24 horas, aproximadamente.

Podemos deduzir que o Mapa Natal é, simultaneamente, a Revolução Solar dos primeiros doze meses de vida e, também, a primeira Revolução Lunar da Lua radical que, para esses doze meses, será a Lua anual.

O método usado para calcular essas Revoluções Lunares é o mesmo método matemático usado para calcular as Revoluções Lunares do radical, se for realizado à mão. Se trabalhamos com o computador, deve-se proceder da seguinte forma: como os programas estão calculados para fazer a REVOLUÇÃO LUNAR radical, devemos introduzir os dados da Revolução Solar como se fossem os dados de um radical. Isto é, uma vez que se tenham os dados do dia e da hora do aniversário (Revolução Solar), volta-se a introduzi-los no programa como se fossem os dados de um radical. Somente a partir disso pedimos ao programa as diferentes Revoluções Lunares do ano solar.

A Revolução Lunar da Lua do ano expressa, de forma mais precisa e específica, aquilo que é o acontecimento emocional. O mesmo acontece com o desenrolar de fatos ou circunstâncias que envolvem as áreas representadas pela presença da Lua em determinada casa, sua analogia essencial e os temas de suas regências que leve à sua posição anual.

Como exemplo de investigação, temos os dados de uma mulher, Sofia, nascida em 1/12/1953, na cidade de Buenos Aires, Argentina, longitude 58° 26' Oeste e latitude 34° 36' Sul. Hora: 11h45min50s, tempo oficial, com GMT = 14h45min50s.

A Revolução Solar de seus 41 anos, levantada em Buenos Aires, para 1/12/1994 tem uma GMT = 13h31min07s.

Este mapa anual começa com a Lua no signo de Escorpião a 18° 48'. A Lua radical de nascimento está no signo de Libra a 14° 39'.

Como é possível observar no gráfico, a Lua anual está em conjunção partil com Mercúrio radical; a Lua vem da casa 8 radical, é regente da casa 5 radical e está presente na casa 10 do ano. O planeta Mercúrio radical é o regente da casa 8 anual e radical. Disso deduzimos que o acontecimento concreto do ano estaria relacionado com o início de um novo ciclo (conjunção) relativo aos afetos, à família, à casa, às emoções e ao passado, por causa dos temas da casa 8 (mudanças, mortes, heranças, etc.), dando-lhe também uma intensa vida onírica e os conflitos emocionais entre os pensamentos e as emoções. O planeta Vênus é o regente da casa 4 (o pai) anual e radical, e encontra-se em Escorpião a 3° 41', em conjunção a Saturno radical a 4°. Vemos que o aspecto é aplicativo e deduzimos que é algo que ia acontecer no transcurso do ano. Vênus está a 3° do Meio do Céu anual: seria o indicador de que, a partir do terceiro mês do aniversário, o acontecimento seria o pai e a família. O terceiro mês corresponde a março de 1995, quando, efetivamente, se produz uma internação do pai, indicando o princípio do seu fim. A morte do pai acontece a 21 de maio de 1995. Isso era parte do que estava indicado nas posições antes mencionadas.

Também podemos analisar Júpiter presente no Meio do Céu do ano no signo de Escorpião a 28° 17', que está em conjunção com Plutão a 28° 24'. Júpiter é outro dos indicadores de que o acontecimento do ano estaria com a família, a casa e a base psicológica, porque leva à casa 10 anual os temas da casa 4 que estão presentes no mapa radical.

Sabemos que este é um dos chamados anos kármicos, devido ao Ascendente anual estar sobreposto à casa 12 radical. Vemos também o Saturno do ano transitando pela casa 1 radical e em aspecto de quadratura convergente ao Sol radical. Isso significa um ano de grandes questionamentos, aprendizagens e provas em nível pessoal e com o sentido da sua existência, de seu valor e estima. Ano em que o retorno do passado com suas vivências e lembranças seria parte de suas provas.

A Lua do ano a 18° 48' de Escorpião está em conjunção fechada com Mercúrio radical a 18° 55'. Este aspecto também está relacionado com o segundo irmão ou com seu filho mais velho. Desenvolveremos a interpretação deste aspecto para o irmão: a casa 5 radical está a 28° de Gêmeos e todo o signo de Câncer interceptado nela. Mercúrio e Lua — os regentes da casa — estão presentes na casa 10. Essa mesma posição indica que o acontecimento do ano estaria vinculado com o primeiro filho ou com o segundo irmão e seus temas de saúde. A casa 10 dela (que é, por derivadas, a casa 6 a partir da casa 5) encontra-se no signo de Escorpião com a presença de vários planetas: Vênus perto da cúspide, Nodo Positivo, Lua, Júpiter, Plutão e Mercúrio anuais e Mercúrio radical. Plutão, o regente presente na casa, está em conjunção com Júpiter em quadratura com Marte anual. Deduzimos daí que o filho, pela sua idade, estava num período crítico no seu crescimento e desenvolvimento corporal. O irmão representado pela mesma casa sofreu um acidente no olho esquerdo (Lua na casa 6), danificando o globo ocular que, depois de várias cirurgias (Marte em quadratura com Plutão), foi salvo milagrosamente (observar Plutão, o das salvações milagrosas na casa da sua saúde). Sendo a quadratura de Plutão-Júpiter com Marte dispositora da Lua, os acidentes, as operações e os momentos de inquietude.

Depois dessa breve descrição da Revolução Solar, passamos a desenvolver o tema do presente capítulo: a Lua anual. Dissemos que ela estava a 18° 48' de Escorpião.

A Revolução Lunar anterior à data da morte do pai produziu-se no dia 14 de maio de 1995, com GMT: 12h12min16s.

Nela vemos que o Ascendente está em Gêmeos sobreposto no final da casa 4 radical e na casa 5 radical e anual. Mercúrio, o regente, está presente na casa 12 que está sobreposta à casa 4. A atenção pessoal durante este mês ia estar voltada para os entraves ou provas e o aprendizado que vinha conectado com o pai e a família. Mercúrio em sesquiquadratura crescente com Urano (regente de casa 8 do ano, do Ascendente e da casa 12 radical). Mês de crise e ruptura repentina por provisões decorrentes de mortes ou mudanças súbitas (casa 8). Todo o signo de Câncer na casa 1 anual, a Lua a 18° (que durante todo o ano tem relação direta com mudanças ou morte) está na casa 5. A comoção dos afetos. Isso mobilizou-lhe perdas anteriores e ela pôde sentir na própria carne e compreender mais profundamente a morte do pai do seu filho e o que ele devia ter sentido, como também contê-lo.

A casa 4 do mês está a 13° 32' de Libra; corresponde à conjunção a 1° da órbita, com a Lua radical a 14° 39'. Está em sobreposição com a casa 8 radical e com as casas 9 e 10 anual. Isto indica que as mudanças estariam vinculadas com a família e o pai (casa 4 com casa 8) e isso a levaria a um estado de elaboração ou compreensão espiritual, dando fim às suas crenças inconscientes e concepções de vida (casa 4 com casa 9). O planeta Vênus, regente da casa 4, está presente na casa 10 em Áries. O acontecimento do mês estaria relacionado com a família, com o pai e com os irmãos (Áries corresponde à casa 3 anual e à casa 3 radical). Vênus está em quadratura crescente com a conjunção Urano-Netuno, divergente com Netuno e convergente com Urano. Para o pai, por derivadas, Vênus corresponde ao seu regente pessoal (Libra) e é o regente da casa 8 para ele (Touro na casa 11, que é a casa 8 a partir da casa 4). Netuno é o regente da casa 6 (Peixes na casa 9 que é a casa 6 a partir da casa 4). A divergência de Vênus com Netuno indicava que a doença já vinha desde antes da atual Revolução Lunar, e a convergência com Urano indicava que algo, que apareceria de modo inesperado, ia se produzir no transcurso desse mês (Urano, o repentino, em aspecto com Vênus que simbolizava o corpo para ele, 1, e suas mudanças, 8). Saturno na casa 6, por derivadas para o pai, dava o sinal da deterioração do seu estado de saúde e também algum problema com os ossos. Sua morte aconteceu em decorrência de uma fratura nos quadris que sobreveio de repente e sozinha (sem golpes ou quedas) e que produziu (pelas defesas baixas, Saturno) uma infecção generalizada (Netuno) que o levou à morte.

Os trânsitos eram: o Sol estava no grau 23 de Touro, correspondendo quase ao seu ingresso na casa 4 radical e sobre a casa 4 da Revolução Solar. O Sol (o pai) está em quadratura com o Marte do mês e esses dois planetas mobilizavam a quadratura radical de Vênus e Plutão. Sol em quadratura com Plutão e em oposição a Vênus. Marte em conjunção partil com Plutão e em quadratura com Vênus. A quadratura Vênus-Plutão é um aspecto radical vinculado à família e ao pai (Vênus regente da casa 4 radical).

A casa 8 do mês a 29° 29' de Capricórnio está em conjunção a 1° da órbita da cúspide de sua casa 12 radical. Isto indicava que as provações estavam relacionadas com perdas, mudanças ou morte, e o aprendizado de não-resistência à perda ou à dor por ela produzida também indica como isso trazia ao presente vivências de perdas anteriores. O Ascendente anual está sobreposto a essa casa 8.

No momento do acontecimento estavam: o Sol (trânsito) em oposição com Plutão e em trígono com Urano. O Ascendente para o dia 21 de maio (movido pelo método de progressão do Ascendente) estava no grau 22 de Virgem, correspondendo esse grau à cúspide da casa 8 radical (perdas), em oposição a Saturno (pela sua corrente de analogias associada a perdas, dor, entre outras coisas), que é o regente da casa 8 mensal: momento em que Sofia se sentiria comovida, pois Saturno está em quadratura com o Ascendente mensal, a seu Júpiter radical na casa 4 e é o governante do tema radical. O planeta Vênus em trânsito estava em conjunção partil com o Nodo Negativo, em oposição ao Vênus da Revolução Solar e a Saturno radical. O Nodo Positivo em trânsito estava em conjunção com o Vênus da Revolução Solar, regente da casa 4 radical, anual e mensal. A descarga que o aspecto trazia estava relacionada com os afetos, com a família e com o pai.

Ao mesmo tempo, calculamos as Revoluções Lunares da Lua radical e comprovamos nelas que não tinham a definição nem a precisão que encontramos com o mapa da Lua anual.

Por exemplo, as Revoluções Lunares anteriores aos dois momentos antes mencionados têm Ascendente mensal em Peixes, sobre a casa 1 do radical. A casa 5 estará então em Câncer, e seu regente será a Lua, que vai retornar à sua posição radical em Libra na casa 8, mas esse elemento não foi para nós suficientemente contundente ou definidor para descrever exatamente o momento de Sofia. No entanto, as revoluções da Lua anual foram, pois os Ascendentes dos dois mapas mensais anteriores a cada um desses momentos nos dá um Ascendente que se sobrepõe às casas relacionadas com o tema específico do mês.

Na morte do pai, o Ascendente estava em Gêmeos na casa 4; no acidente do irmão, o Ascendente estava em Câncer na casa 5 (o segundo irmão) e o Meio do Céu mensal em Touro, que é a sua casa 3 radical.

RADICAL DE SOFIA

Natal para Sofia
1º Dezembro 1953 Tempo: 11:45:50 Zona: 03
Buenos Aires Lat: 34:36:00 S Long: 058:27:00 O

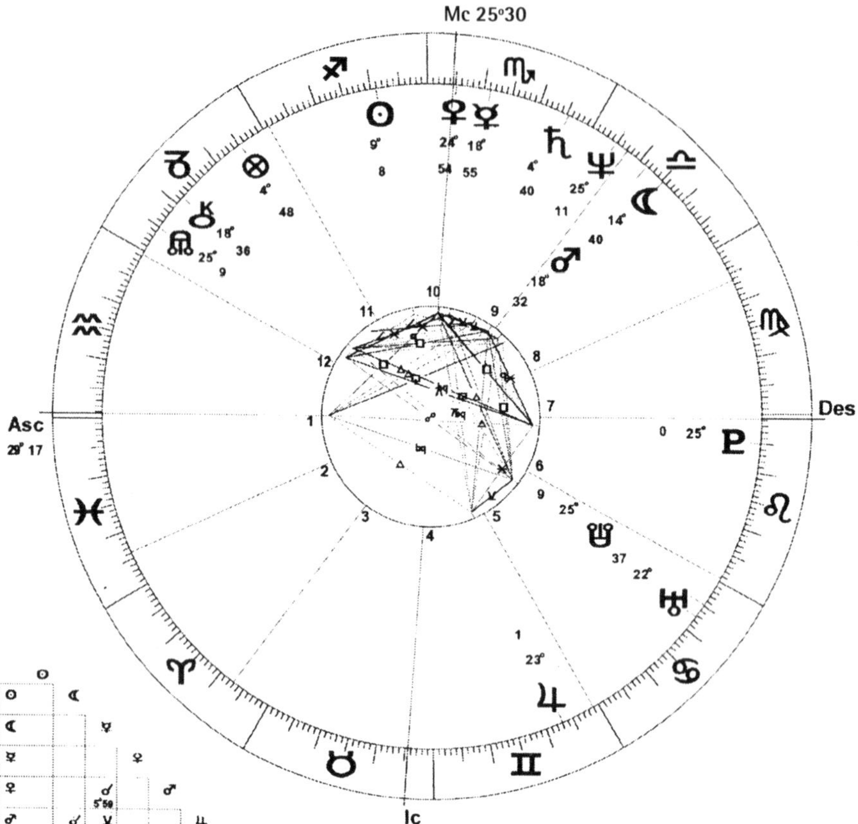

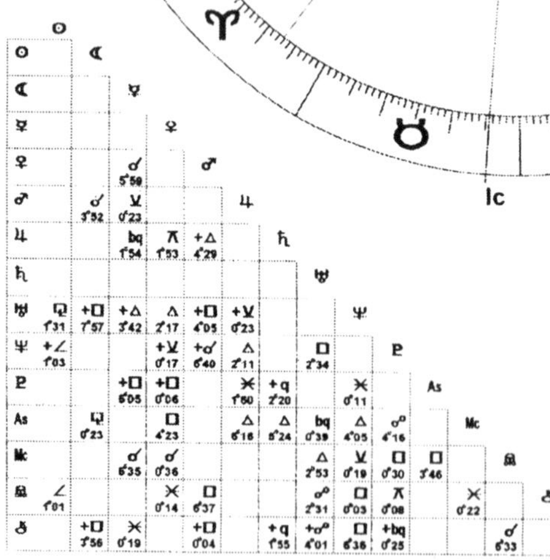

		Tropical	
		Real	Topocêntrico
Cardeal	4	☉ 9 ♐ 7 58 (10)	As 29 ♒ 16 34
Fixo	4	☾ 14 ♎ 39 44 (8)	2 23 ♓ 47 26
Mutável	2	☿ 18 ♏ 54 55 (9)	3 22 ♈ 49 5
		♀ 24 ♏ 54 3 (9)	4 25 ♉ 30 8
Fogo	2	♂ 18 ♎ 31 47 (8)	5 28 ♊ 58 42
Terra	0	♃ 23 ♊ 0 34r (4)	6 0 ♌ 36 26
Ar	4	♄ 4 ♏ 40 12 (9)	7 29 ♌ 16 34
Água	4	♅ 22 ♋ 37 6r (5)	8 23 ♍ 47 26
		♆ 25 ♎ 11 20 (9)	9 22 ♎ 49 5
Tempo Sid 15 32 39		♇ 25 ♌ 0 15r (6)	Mc 25 ♏ 30 8
		☊ 26 ♉ 21 37r (11)	11 28 ♐ 58 42
		⚸ 25 ♉ 8 32 (11)	12 0 ♒ 36 25

REVOLUÇÃO SOLAR DE SOFIA

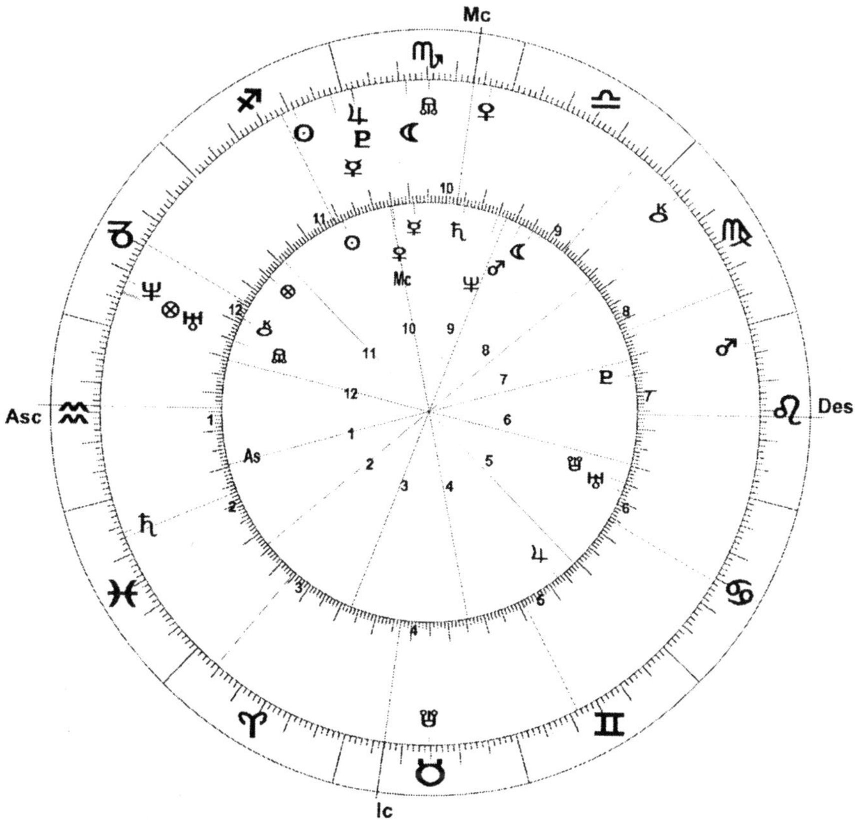

Sofia: Retornos
1º dezembro 1994
Tempo: 13:31:07 Zona: 00
Buenos Aires
Lat: 34:36:00 S Long: 058:27:00 O

Sofia: Natal
1º dezembro 1953
Tempo: 11:45:50 Zona: 03
Buenos Aires
Lat: 34:36:00 S Long: 058:27:00 O

Topocêntrico

2	6 ♓	56	5		2	23 ♓	47	26
3	4 ♈	27	30		3	22 ♈	49	5
11	11 ♐	24	49		11	28 ♐	58	42
12	14 ♑	20	39		12	0 ♒	36	25

REVOLUÇÃO LUNAR DE SOFIA

Círculo externo, Revolução Lunar; círculo interno, Revolução Solar

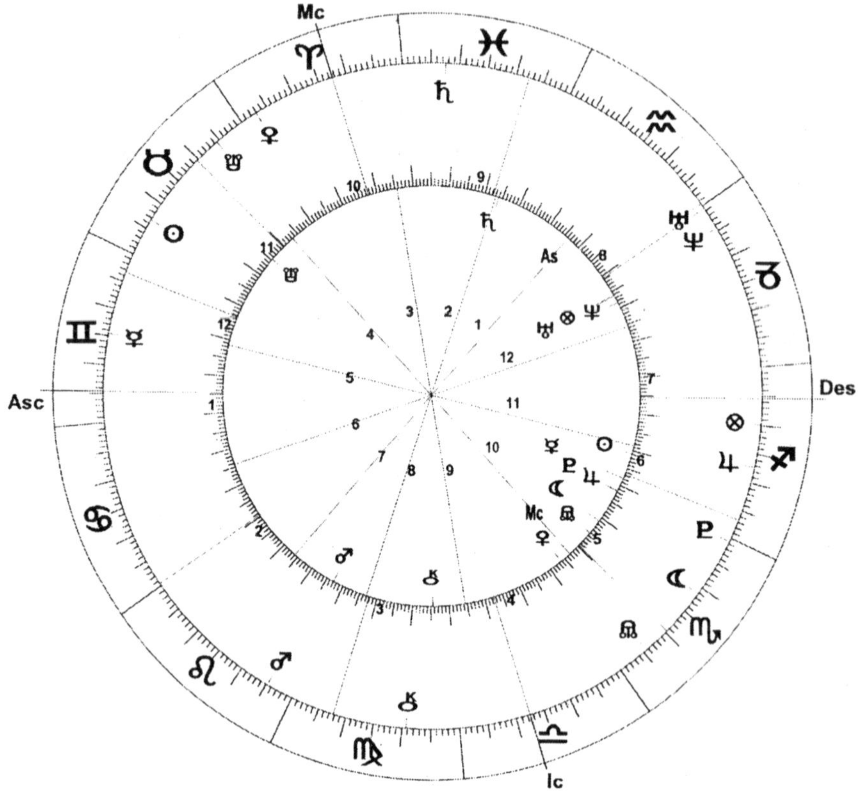

Sofia: Retornos
14 maio 1995
Tempo: 13:12:16 Zona: 00
Buenos Aires
Lat: 34:36:00 S Long: 058:27:00 O

Sofia: Natal
1º dezembro 1994
Tempo: 13:31:07 Zona: 00
Buenos Aires
Lat: 34:36:00 S Long: 058:27:00 O

Topocêntrico

2	29 ♓	29	24		2	6 ♓	56	18
3	7 ♍	44	16		3	4 ♈	27	45
11	10 ♉	19	37		11	11 ♐	25	4
12	3 ♊	22	24		12	14 ♑	20	52

CONCLUSÃO
REVOLUÇÃO SOLAR

A Revolução Solar é um mapa que é levantado para o exato retorno do Sol em trânsito ao Sol radical, exatidão expressada em graus, minutos e segundos de arco.

É o mapa do Sol e para o Sol. Isso significa que está relacionado com o estado de consciência de si mesmo, por onde, como e em que circunstâncias a pessoa se expressará num determinado período, que vai de um aniversário ao outro; como continua e vai tecendo a trama da sua vida, pela qual a consciência se orientará.

Vemos então como, de um ano para outro, as vivências e experiências se encadeiam e como um mapa anual determinado é a continuação do precedente e tem sentido em função do que vinha vivendo ou elaborando. Poderá comprovar, inclusive, que, às vezes, em sucessivas revoluções, o tema central é o mesmo, o que indicaria que esses temas são algo de suma importância no radical.

Assim, ao longo da vida, cada retorno solar é um novo ciclo de evolução da Alma e, por sua vez, o meio para expressar a consciência alcançada. A evolução é realizada na forma de espiral ascendente. Transitamos pelos mesmos lugares nos sucessivos anos e, no entanto, nunca é o mesmo, porque, ao incluir novos registros, a consciência se abre, se expande e cresce. Deduzimos que o aprendizado de si mesmo e das circunstâncias próprias implica crescimento. Esse crescimento e amadurecimento permitirá que se varie criativamente a resposta de cada um às diferentes circunstâncias externas ou ao cotidiano. É uma lenta percepção e um "dar conta": expressar a consciência ou realização alcançada pelo Ser. A evolução e o crescimento não param. Conscientes disso ou não, a vida implica e é crescimento. O crescimento é uma das leis e o sentido da vida. Quanto mais a pessoa se abre ao seu Ser, mais tenderá a incluir o TODO na sua vida, e quanto mais o incluir mais íntegra, inteira e completa estará, ou seja, mais perto do seu centro essencial. É poder expressar e brindar a si mesma e aos outros o propósito para o qual nasceu, ser a expressão viva dessa finalidade.

A Revolução Solar possibilita a descrição das energias que estão em jogo, no ano em curso, para a pessoa. A interpretação detalhada de uma Revolução Solar permite que uma pessoa tome consciência de aspectos básicos do seu Mapa Natal, das novas tendências ou modalidades dadas pelo mapa anual e da energia que produz a interação dos dois mapas. Dessa interação vê-se como a pessoa deveria se conduzir, como integrar seus aspectos duros e o que estes lhe trazem, para aprender a perceber em si mesma as áreas cindidas ou em conflito.

A Revolução Solar é um meio pelo qual podemos descrever o processo de evolução e desenvolvimento da consciência individual, seu sentido e propósito; consciência que, como devir, vai se desenvolvendo progressivamente etapa por etapa, dependendo do trabalho e do esforço que cada pessoa invista no seu próprio crescimento. Seria usar conscientemente as energias em jogo no ano em curso e não simplesmente reagir por impulso ou instinto.

A Revolução Solar vai nos revelar como a fina trama da existência individual vai sendo tecida, como se conecta o interior com o exterior, modificando-o. E, também, como o exterior representado pelas condições sociais, econômicas e relacionais, incide profundamente na estrutura íntima, fazendo com que a pessoa possa questionar, revisar ou afirmar modalidades e tendências internas.

Entendemos que o percurso do Sol ano após ano é como um despertador da consciência individual, habilitando o desenvolvimento da vontade como um ato da consciência e permitindo que se cumpra a função, a missão ou o propósito para o qual se nasceu.

Será tarefa do astrólogo abrir, ano após ano, e mostrar lentamente como os acontecimentos externos têm sentido, finalidade e objetivo, que é o despertar da capacidade para vincular, conectar o interior, ainda inconsciente de si mesmo, com o acontecer externo.

O despertar da consciência não implica que a pessoa esteja isenta de viver situações que se concretizem no plano objetivo, senão que permite conectar esse acontecimento externo com o interno. Encontra e reconhece a parte dela mesma envolvida na situação. Esse despertar habilita a capacidade para associar como o acontecimento externo é exatamente algo que fala ao seu interior. Devido à integração interna da consciência alcançada, os aspectos de atrito operam como fontes reais de caudal energético e criativo, de modo que toda possível tensão, mal-estar ou conflito é compreendido, a partir da consciência, como uma possibilidade e não como um obstáculo excludente.

A evolução produz a diferenciação energética entre os seres. Trata-se de uma hierarquização natural. A realização da consciência de unidade é alcançada levando a atenção e o olhar para dentro, para o interior, o subjetivo, talvez compreendendo que a única saída é ir para dentro.